ソーシャルワークマインド

障害者相談支援の現場から

山下 香

瀬谷出版

はじめに

「平成」の始まりとともに仕事に就き、今その「平成」というひとつの時代が終わろうとしています。五〇代に入った私のこれからの「役割」についても考えることが重なりました。まさか私が三十数年もこの仕事を続けているとは就職した頃は考えてもみませんでした。

大学生の時には阪神タイガースが六四年ぶりの優勝を果たし、関西はおおいに盛り上がっていました。大学の授業そっちのけで阪神百貨店のバーゲンに走ったこともありました。また、バブル絶頂期に大学生だった私は、仕事を結婚までの腰掛程度にとらえていました。

今の時代では考えにくいことだとは思いますが、その頃は共働きの家庭はまだまだ少数派で、結婚や出産を機に退職する女性が多かったのです。私もご多分に漏れず、結婚し子どもができたら専業主婦になるのだと思い込んでいました。

そんな私が三十数年も仕事を続けてこられたのはなぜか。

今の私があるのは、この三十数年の間に出会った様々な人の人生を通してこの仕事の意味を教えられ、また私自身の「役割」を見出させてもらったからだと考えています。

平成元年に大学を卒業し、就職した私を待っていたのは私が今まで知らない世界ばかりでした。

知的障害者の親との面談では、親の願いは「この子より一日でいいから長生きしたい」だと聴き、親が亡くなると、突然に今まで見たこともない知らない施設に送られていく知的障害者を見送ることもありました。

「何故？」という疑問と「理不尽」な衝動にかられたことを今も忘れられません。

精神障害者に対するイメージを聞くと、多くの人は「怖い」「何を考えているのかわからない」「自分とは違う人」などという答えが返ってきます。私も精神障害の人たちと出会うまでは、なにがしかの「不安」を感じていたように思います。しかし、そのイメージはどこからきているのかと問うと、ほとんどの人が即答できません。しばらく考えて「ニュースで殺人があると精神科受診歴があったと伝えているから」、「なんとなく」、「いつの間にか」などの答えがかえってきます。親から教えられるわけでもなく、怖い思いをしたこともなく、出会ったこともないのに、「恐怖」のイメージが生まれるのは社会に問題があるのではないかと思うのです。

社会福祉士や精神保健福祉士の役割に「権利擁護」があります。「権利擁護」とは、その人がその人らしく当たり前に暮らす権利を守ることです。なぜその役割があるのかというと、社会的弱者と呼ばれる人たちの人権が十分に守られていない現実があるからです。「権利擁護」とは、社会的弱者を被害から守ることだけではありません。同じ今を生きる人として知り合うことが「偏見」をなくす「当たり前に暮らす権利」を守る道でもあります。

私は三十数年の間に、障害がある多くの方々と出会い、その人の生き方を通して机上の学習だけでは到底できないことを学ばせていただきました。それを私は一人ひとりの人生をとおしての「贈り物」だと思っています。そして「だれもが安心してその人らしく暮らせる社会」になるための課題を「宿題」だと思っています。

私が現場で働けるのはせいぜいあと一〇年から一五年です。今までの半分か三分の一だということになります。今まで出会った方々から私が受け取った「贈り物」や「宿題」を私一人のものとしてよいのか、と考えたときに、「伝えること」もこれからの私の社会的使命ではないかと考えるようになりました。そしてこれから福祉の仕事を目指している人や、今福祉の仕事に就いている人の役に少しでも立てればという思いで筆をとりました。

私が就職した平成元年と今の福祉制度は随分変化してきました。福祉現場にいる私自身もどんどん更新される新しい情報についていくことに必死です。社会全体も少子高齢化や格差の問題など変化してきています。これからも確実に変化していくことでしょう。

しかし、一方では変わらないものも必要だと感じています。AIの導入が進み、生活が便利になり「一〇年後なくなる仕事」としていくつか取り上げられていますが、対人援助の仕事はAIではすべて変われないとされています。障害福祉の仕事もまさしく対人援助の仕事であり、これからも必要とされていくでしょう。

どれだけ文明が進化して生活環境が変化しても、人は人の中で生きる存在であることも変わりません。そこに「ソーシャルワーカー」の役割はこれまで以上に必要になるように思います。その「ソーシャルワーカー」には、専門職としての技術も大切ですが、「なんのために仕事をするのか」という「マインド」も必要であると思います。その「マインド」が「誰もが安心してその人らしく暮らせる社会」をつくる柱になっていくのではないかと思います。

最後に、この一冊をまとめるにあたり、登場する事例に快く承諾いただき応援して下さった方、私の背中を押してくれた多くの仲間と友人、支えてくれた恩師と家族に深く感謝しています。また、「人の役に立つ本を出版したい」というコンセプトを持つ、瀬谷出版から出版できることに大きな喜びを感じています。

本編で登場する事例に関しては、いくつかの事例を織り交ぜて個人が特定できない形で記載しております。ご協力くださった皆様に感謝申し上げます。

もくじ

第1章　障害福祉の現場から見た当事者や家族が抱える課題

第2章　相談支援で大切にしたいこと

第4章 バーンアウトしないための私の原動力と支え

第5章 相談支援に必要な視点

第1章

障害福祉の現場から見た当事者や家族が抱える課題

この章では、「障害者当事者・家族」をとりまくいくつかの課題をとりあげてみました。「課題」を知り、「相談支援」に何が求められているのかを考えてみたいと思います。

1 「障害者」は特別な人ではない

(1) 自分の中の「偏見」

偏見と闘う叔母の姿

私には股関節に障害をもつ叔母がいました。その叔母は母より一〇歳年上で、母の親代わりでした。叔母が生まれた昭和一ケタの時代は子どもの多い時代で、年の離れた姉や兄が親代わりになり、面倒を見ることも珍しくなかったのです。叔母は女の子に恵まれず、私をとても大切にしてくれました。

その叔母が「歩き方が変だ」と言われ、馬鹿にされた経験を話してくれたことがあります。叔母はとても強い人で、人から馬鹿にされても負けませんでした。動く手先を器用に使って何でも自分でやり、つらい手術に何度も挑みました。

私は、その前向きな強さの陰で、歯を食いしばり、周囲の偏見と闘う叔母を見て、子どもながらに「何も悪いことしてないのに、どうしてつらい思いをしなければいけないのか。足が悪いのは叔母のせいではないし、うまく歩けなくてつらいのは叔母自身なのに」と感じていました。

叔母の姿と重なる部分を感じ、高校生になった私は、障害福祉の本を読むようになりました。そして、「将来、障害福祉の仕事に就いてみたい」と漠然と考えるようになりました。

無知が「怖い」と感じさせる

私は、昭和という時代が終わる頃に大学の初等教育科に進学し、すぐにボランティアグループに入りました。そこはいろいろな大学から集まるサークルで、主に知的障害者とのキャンプや成人式などのイベントを企画していました。そして、その活動をバックアップしていたのは、知的障害の子をもつ親の会の団体でした。

サークルに入って初めてのイベントが運動会でした。当日、会場である大阪城公園のグラウンドに行くと、一〇〇人程度の知的障害児・者が集まっていました。

そこで私は「怖い」と感じてしまいました。飛び跳ねている人、自分の頭をたたいて奇声を上げている人、よだれを流して座り込んでいる人など、初めて見た光景に圧倒されたからです。そして、「怖い」と感じた自分に戸惑い、その場に居られず泣き出したい気分で電車に飛び乗って帰ってしまったのです。

大阪城公園から逃げるように帰ったあと、心配した先輩から電話がありました。私が「自分にはボランティアを続ける資格なんてないです」と伝えると、先輩は「何も知らないままでいいの？」と言いました。

この言葉に私は救われました。人は知らないことに恐怖を感じるものなのだと、自分を肯定されたように思えたからです。そして、「怖い」と感じた自分を責めるのではなく、「知る」ことから始まるのだと気づかされ、卒業するまでサークル活動を継続することができました。

今を生きる「同じ人」

サークル活動では、夏はキャンプファイヤー、冬は成人式、春は運動会を企画しました。夏のキャンプは三泊と長かったので、担当者が決まると事前面接をして、本人のことを家族からも聞き取ります。どんなプログラムをすれば喜んでもらえるのか、何に興味があるのかなど、何日も話し合いました。今の時代のように、車が入れる、整備されたキャンプ場ではありませんでしたから、キャンプに行く前に、スタッフだけで山の中のキャンプ場の整備もしました。

事前に面接をして、知的障害者や家族と話をするうちに、自分よりも年上の方から「お姉ちゃん」と呼ばれ、ためらいもなく手をつないでくる人懐こい人や、私よりも緊張している人もいて、「怖い」という感情は消えていきました。知的障害者も、自分と同じように楽しいことをすれば笑うし、悲しければ泣き、嫌なことは嫌な顔をします。感情の表現のしかたは自分とは違う時もあるけれど、当たり前のことですが改めて今を生きる「同じ人」なのだと「知る」ことができたのです。

こうした活動を通じて、なぜ障害者ばかりの成人式をしなければならないのかも知ることとなります。知的障害者の子をもつ親は、「一般の成人式には気が引けて連れていけない」というのです。大きな声を出すかもしれないし、そもそも親がついていかなければ一人では会場まで行けないのです。サークル活動をしてこうした事情を知らなければ、私も成人式に知的障害の人が来ていたら「怖い」と感じ、避けていたかもしれません。「知らないこと」の積み重ねが、障害者やその家族が「気が引ける」社会を作り出していると私自身が気づいたのです。

叔母のこともあり、本も読み、自分は障害者やその家族のことを「知っている」つもりになって「福祉の仕事に就きたい」とぼんやりと思っていました。けれども、何も知らなかったのです。初めて外国人を見た日本人は、肌の色の違いや瞳の色の違い、鼻の高さや言葉の違いに腰を抜かしたことでしょう。でも、外国人を見かけることが多くなった今では、外国人を見て腰を抜かす日本人はいません。それは、言葉や肌の色が違っても今を生きる「同じ人」であることを知っているからです。

地域で「知り合う・つながる」ことが大切

こうしてみると、「知る」ということがいかに大切かがわかります。

しかし国は逆に、歴史的背景から閉鎖性の強い施策をとってきたため、私は、市民レベルで障害者に対するイメージを一新するような施策を進めていく必要があると感じていました。「うつはこころの風邪です」という公共広告機構のＣＭを初めて見た時は、ある意味「ここまできたな」と思い、ガッツポーズをとったことを覚えています。

私が小学生だった時代と比較すると、障害のある方が社会で活躍される場が増えてきたと思います。障害者が急増したのではなく、これまで障害者が隠されていたのです。そうした社会だったのです。

小さい時から、地域にはいろいろな人がいて当たり前であり、障害者は特別な人ではないと知っていくことがはじめの第一歩だと感じています。ケースワークをする上で、生活の場が入所施設であれ地域であれ、人はコミュニティーの中で生きていることを、私たちは忘れてはいけないのではないでしょうか。

私は障害福祉に長年かかわっていますが、町で出会うすべての障害者一人ひとりのことがわかるわけではありません。障害者も当然、個人個人で違うのです。障害がなくても「隣の人は何する人ぞ」の世の中です。そこには「知らない」からつながれないという地域コミュニティーの課題があります。障害がある人もない人も「知り合う・つながる」ことが大切で、地域で暮らしていくために必要なことだと今も思います。その「知り合う・つながる」仕掛けを意図的につくっていく役割が、ソーシャルワーカーに求められていると感じています。

（2）言葉以外のコミュニケーション

言葉のないAさんが私の目を見て微笑んだ

私が二〇歳代の頃に勤務していた知的障害者通所施設で、一人の女性（Aさん）と出会いました。Aさんには、重複障害がありました。知的障害と聴覚障害、身体障害を併せもっていたのです。私にとって、担当者としてAさんとどのような手段で信頼関係を築くかは、大きな課題でした。目も合わせてくれないし話も聞こえない。言葉ももたない。いつも不機嫌そうな表情です。自宅での様子や好きなことを家族に聞いてもはっきりせず、何かに集中してできることも見つからない状態でした。

ただ、家族の話を聞いているうちに、水遊びと体を揺らすことがお気に入りなのではないか、と思いました。お風呂や車に乗っている時は表情が不機嫌そうではないと聞いたからです。それを手掛かりにあれやこれやと試してみたものの、目も合わない日々が続きました。

半年ほど経過した頃です。養護学校で不要になったトランポリンを施設が譲り受けたので、昼休みに一緒に寝転んでみました。すると、寝転んでいる私の腕をAさんがつかむので横を見ると、私の目を見て微笑んでいました。その時、彼女は今まで私という人間を「どんな奴だ」と見定めていたのではないかと思いました。二〇年以上前のことですが、あの時、Aさんとトランポリンに寝転んで見た青空とAさんの笑顔が、今でも目に焼き付いています。心が通じたと感じた瞬間でした。

それからAさんとは目で会話をするようになりました。大便を失敗してシャワーをする時は「ごめんね」という顔をして私の顔を覗き込みました。食後にトランポリンに寝転んでいる時は、とてもおだやかな表情で「気持ちいい」と語ってくれます。おなかがすくと不機嫌になります。どんなに障害があって話ができなくても、感情がないのではありません。心は言葉以外でも通じるのです。言葉でコミュニケーションすることが当たり前になっている私たちの感性が鈍っているだけなのです。Aさんはそれを私に教えてくれました。

それは、目と目で通じ合う恋人のような関係や、泣き方一つで赤ちゃんがおむつなのかミルクなのかがわかる母子の関係に似ていると思います。そんな言葉以外のコミュニケーションが私はとても美しいものだと感じています。

コミュニケーションの方法は言葉だけではない

こんな話を聴いたことがあります。知的にも身体的にも重度の障害があり、時には医療的ケアが必要である人を「重度心身障害児・者」と言いますが、その方たちが入所している施設では、ベッドに寝たきりの方をスタッフが時間ごとに回っていき、おむつの交換や食事のお世話をします。ある日そこの施設長が入所者の方の様子をうかがっていると、ある方が、一人の女性スタッフが来る時だけ、ただ一つ動く目を動かしているというのです。見ていると、ただ一人その女性スタッフだけが、その方に「今日は庭の花が咲きましたよ」などと二言三言話しかけていたのです。

どう思われますか？

話しかけてくれる女性スタッフを、きっとベッドの上でその方は心待ちにしているのでしょう。返事があるわけではないのに、毎日毎日話しかけることを続けた女性スタッフの心が通じていたのです。目で返事をしていることに気づいた施設長の感性と観察力も素晴らしいと思います。

こうしてみると、コミニケーションとは何かと考えさせられます。言葉でコミュニケーションをとるのが当たり前の社会と思っているのは、大多数の人が言葉でコミュニケーションをとっているからです。例えば、英語が話せない人がアメリカで一人暮らしすることを思い浮かべてくだ

さい。言葉が通じないので、相当の困難が生じるでしょう。しかし、だからといってコミュニケーションがまったくとれない、というわけではありません。言葉を使わないAさんと出会い、考えたことがあります。

彼女はお箸をうまく使えません。食べこぼすこともあります。今の日本では食事のマナーとしては問題があるのかもしれません。しかし、生まれてくる時代や社会の在り方が違えば、彼女は「障害者」ではなかったのかもしれないと。美しい瞳でコミュニケーションをとる思いやりのある素敵な女性なのです。ただ、生まれてきた社会に対してマイノリティーであるが故に「障害者」とされているだけなのだと感じるようになりました。

障害者という枠でひとくくりにせず、その人の特徴を理解し、違いを尊重し合える社会であってほしいと願い、日々仕事を続けています。

2「障害受容」の難しさと生きづらさ

(1) 自分の「障害」を受け止めるということ

今までとは別人

私が出会った方の中には、生まれた時から障害をもつ方と、事故や病気で途中から障害をもつようになった方がいます。最近では、人生の途中で発達障害であったとわかる方もいます。「障害」ということを受け止めて生きていくことを「障害受容」と言いますが、そう簡単なことではないことは、ご自身やご家族の身に起こったこととして想像してみるとわかりやすいと思います。当事者の気持ちにはなれないにしても、想像することから相手を理解する力が生まれてきます。

ここから、いくつかの事例で「障害受容」について考えていきたいと思います。

「今までとは別人と暮らしているよう」

これは、ある日突然の事故で夫が高次脳機能障害となった奥様の声でした。ご主人は短期の記憶ができず、食事をいつとったのかも忘れてしまう状態となってしまったのです。先の言葉は、奥様の悲痛な叫びを如実に表していました。事故を聞き、病院に駆け付けた時、奥様は「命だけは助けてほしい」と強く願ったといいます。

しかし、半年が経過し退院したものの、いざ生活が始まると、変わってしまった夫のことが受け入れられないと悩んでおられました。奥様の生活も一変したのです。ご主人は食事や排泄すべてに介護が必要で、性格も怒りっぽくなり、食べたこともすぐ忘れてしまいます。そこには事故前とはまったく違う生活があり、それがこの先もずっと続いていく不安に襲われていました。その変化を受け入れるためには、夫婦愛とともに、「時間」が必要です。

どうにもならないことに蓋をして、できることを見つめられるようになるまでには、通らなければならない過程があり、それにはどうしても時間がかかります。その間、私たち支援者は、その悲嘆を受け止めることしかできないのだと思います。そのつらさは当事者にしかわからないのだということを、支援者は知ることが大切です。

「ごめんね」としか言えなかった

進行性の難病を医師から告知された女性はこう話してくれました。

「病気になったことで夫や子どもにどれだけ負担をかけるかと思うと、『ごめんね』としか言えなかった」と。ただただ「ごめんね」と思い悩む姿に、夫と娘がこう声をかけたといいます。「母さんは悪くない。だから謝らないで」と。その言葉で、彼女は夫や娘がどれだけ自分のことを思ってくれているのか、彼女の娘も、幼いながらにお母さんの役に立ちたいと必死に思っているのかに気づかされたといいます。

病気を告知される前の自分と、告知された後の自分を比べた時、最大の違いは何であるのかと考えたとき、病気であることを悲しみ、これからの不安でいっぱいになって「今」を生きていないことだと思ったそうです。彼女はそれから家族に「ごめんね」ではなく「ありがとう」と伝えるようになったと話してくれました。自由に体が動く時間に限りがあるとわかったからこそ、「動ける今の自分」を精一杯家族と生きていくことにしたのだと教えてくれました。

「なんか変な声が聞こえてくる」

ある日突然聞いたこともない人の声や、身の回りに起きる不思議な現象が、自分にだけしか感じられないことに気づいたら、あなたはどうしますか？　すぐに精神科に行かれますか？　統合失調症という病気になると、こうした不思議な現象が起こります。それが「幻聴」「幻覚」であることを理解し、うまく付き合えるまでにも時間がかかります。家族も「統合失調症」という病気を理解し、受け入れるまでには相当の道のりがあります。本人はそれを乗り越えてからもなお、「精神保健福祉手帳」を受け取るまでに「障害受容」という道のりが待っています。

「いつ私は障害者になったのか」

これは今も私が忘れることができない精神障害者の言葉です。

私が精神障害者の支援をしていた時に、三〇年に及ぶ入院生活を終え、一人暮らしを始める方に出会いました。退院に向けて、福祉制度を利用するにあたり、「精神障害者」として手帳を取得するための手続きを説明しました。すると、こう言われたのです。

「私は病気で入院した。先生が退院していいといってくれたのだから病気は治ったのだ。いつ私は障害者になったのか」と。

こう聞かれた私は、すぐに答えることができませんでした。眼には見えない「社会生活上の障壁」は、それを「受容」するにも「配慮」するにも大きな困難を伴うのです。

どのような障害でも、それを受け止めて自分らしく生きていくという考えに至るまでには、「障害」への「内なる偏見」と葛藤する道のりがあると言われます。「内なる偏見」とは、自分の中にある「障害者」への偏見です。今まで健常者として生きてきたが、これからは「障害者」として生きなければならない。「障害者」という社会的なレッテルを貼られ、自分がそのグループに入ることに抵抗を感じるのです。「障害者」になったことで、自分自身がダメな人間と思い、自信を喪失していきます。社会的な「障害者」へのバリアがこの「内なる偏見」を生み出します。

発達障害がわかり、救われた

発達障害がある方から、こんな話を聞きました。「小学生の頃からみんなと同じことができなくて、自分はダメな、努力の足りない人間だと思ってきた」と。記憶することは得意で、いつも漢字や歴史などのテストは一〇〇点なのに、算数はまったくできなかったそうです。それがさぼっている、努力が足りないと評価されてきました。皆ができる片付けもできず、「何でできないのか」と自分で自分を責め続けてきたといいます。しかし、大人になってから「発達障害」という概念を知り、受診したところ、自分がそうであったことがわかり、「私の努力が足りなかったのではないのだ」と知り、目の前が開け、救われたといいます。この方は「内なる偏見」というよりも、「自己肯定感」がもてずに、長年自分を責めて苦しんでこられたのだと思います。

わが子の存在を親が認めていかなくては、子はどうやって自己肯定感（自分を大切にする気持ち）を育んでいけばよいのかわかりません。障害を受容するということは「今の自分を自分自身が認めること」なのです。

多くの人が「障害受容」がどれだけ大変なことなのかを知り、当事者やその家族に寄り添い、「障害受容」し、前へ進もうとしている人にエールがおくれる社会であれば、「障害受容」の壁は随分低くなるのではないかと考えています。それが「生きやすさ」につながると思います。

（2）「生きづらさ」を決めるもの

両親を介護から解放したい

Bさんは、私が相談支援という仕事に就いて間もない頃に出会った方です。Bさんは中学生の時に事故で、突然手足の運動機能をすべて失いました。私がBさんと出会ったのは、Bさんが二五歳の時でした。事故からすでに一〇年が経過していました。ベッドに寝たきりの生活で、ご両親が献身的に介護をされていました。福祉用具などの介護環境もすべて整っていました。

初回相談のきっかけは訪問看護からでした。Bさんが最近食事を摂らないので、主治医に連絡し、検査をいろいろとしたものの、「食べられない」理由がわからない。健康上問題があるので点滴をしているが気力がなく、話もしなくなった。精神的な問題かもしれないので、Bさんが元気になる手段を一緒に考えてほしいというのです。

Bさんは「生きる意味」を見失っていました。それは、一〇年間少しでもよくなると信じて取り組んだリハビリに疲れ、効果がこれ以上期待できないと実感したこともありました。しかし、理由はそれだけではありません。毎日毎日献身的に介護をしてくれる両親の笑顔を見るのがつらく、自分が生きている限り両親を自分の介護で縛り付けてしまうのが苦しいというのです。Bさんは、両親に負担をかける自分は、生きている価値がないものと思い込んでいたのです。両親を自分の介護から解放することが、Bさんの願いであったのです。

ピアサポートで「障害受容」へ

Bさんの願いがわかったので、ガイドヘルパーやホームヘルプを導入して、両親による介護から福祉サービスの利用へ切り替えていきました。ガイドヘルパーと外出するようになり、同じ障害をもつ方の当事者が集まる会に参加するようになったBさんは、同じ障害をもつ人が一人暮らしをしていることに勇気をもらい、現在は一人暮らしをしています。

Bさんの障害は首から下の麻痺で、機能的には非常に重いものと言えます。そのBさんが生活するうえで、福祉用具や住宅改修など、あらゆるハード面での環境は整っていました。しかし、Bさんは自分が生きる価値を見失っていたのです。そのBさんが一人暮らしをするまでに至ったのは、まさしく「障害受容」ができたからです。同じ障害をもつ人から受けるサポートをピアサポートと言いますが、Bさんはピアサポートから自分の可能性や生きる価値を見出し、自分らしく生きていくことへ一歩を踏み出せたのです。

じっと寄り添い、待つ

一般に「バリアフリー」というと、点字ブロックや段差解消のスロープなどが思い浮かぶと思います。こうした意味での「バリアフリー」という言葉は社会になじんでいるように思います。しかし、障害がある人が社会で生きていくうえでの「社会的バリア」は物質的なことだけではありません。その人の生きづらさは、本人の機能的な障害と環境（ハード面とソフト面）と障害受容の三つの柱が互いに影響し決まると言われています。

このことは、体積に表すとわかりやすいと思います。縦軸を障害の程度とし、横軸を環境とし、奥行きを障害受容とする体積、すなわち「障害の程度×環境×障害受容」が、社会での生きづらさだということです。ジョンソン（Johnson,W.）は特に言語障害の問題をとりあげて障害の問題を体積で表すことを提唱していました。（田淵優『障害児教育の理論と実際』建帛社）

CさんとDさんが同じ障害程度（障害の重さ）とします。車いすで家族と暮らしをしていると想定してみましょう。

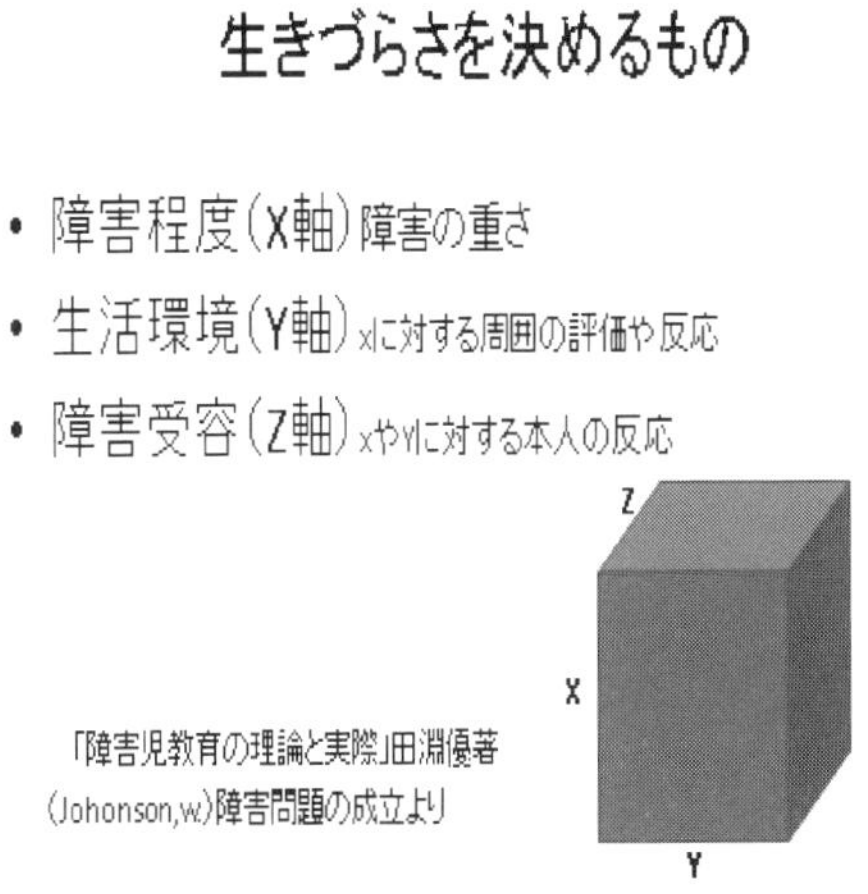
生きづらさを決めるもの
• 障害程度（X軸）障害の重さ
• 生活環境（Y軸）xに対する周囲の評価や反応
• 障害受容（Z軸）xやyに対する本人の反応
Z
X
Y
「障害児教育の理論と実際」田淵優著
（Johonson,w.）障害問題の成立より

Cさんは山の上にあって段差もある家に住んでいるとします。電車の駅は自宅の近くにはなく、バスしか交通手段はありません。

一方Dさんは、地下鉄の駅近くのバリアフリー住宅で暮らしています。ハード面の環境の違いから、社会参加の機会を考えてもDさんのほうが「障壁」が少ないとわかります。

しかし、Cさんは昔ながらのご近所の人が、駅までの移動時や買い物時など「ついでに」と声をかけてくれ、ご自身も自治会に参加して地域のイベントの係もしています。自宅には段差はあるものの、手助けしてくれるヘルパーがいるので、困ることはありません。Cさんの家族もいつも協力的です。

Dさんは買い物など便利でも、近隣者との付き合いもなく、時折来るヘルパー以外とは、誰とも話をしません。また、家族は本人の障害についてあまり寛容ではありません。

CさんとDさんは、外見上は同じ程度の障害であるように見えますが、生活している環境を聞いていくと、生活するうえでの問題は障害の程度とは違ってくることに気づきます。

障害福祉に携わる者は、個人の障害の程度を軽減することはできません。しかし、福祉は、個人の障害の程度に応じた補助具（例えば車いすや白杖など）を提供することはできます。障害受容を促すことはできません。しかし、じっと寄り添い、「待つ」ことができます。それもとても重要な福祉の役割ですが、本来の私たちの役割は、障害当事者や家族が、ソフト面でもハード面においても障害受容しやすい社会環境を作り出し、図中にある「生きづらさ」の体積を大きくしているのはどの問題であるのかを見極め、その体積が少しでも小さくなるように多面的なケースワークやソーシャルワークを展開していくことだと考えています。

3 守られない「人権」

(1) 家族、社会から侵害される人権

親もとを離れられない理由

「障害」があるというのは、ただ生活に不便なことがある、というだけではありません。身近な家族や信頼関係を築かなければいけない支援者から、そして社会から、人権を侵害されることがあるのです。

二十数年前、施設の職員として働いていた時のことです。そこで私は悔しい思いをしました。本人の障害年金を、両親のギャンブルや酒代に使われてしまい、新しい下着の一枚も買ってもらえない知的障害の女性に出会ったのですが、私は何もできませんでした。若かった私は両親と対

峙するすべもなく、自分の古着をバザーの余りものとして本人に渡すしかできなかったのです。

彼女は文句一つ言いません。両親の悪口も言いません。両親の死後も、彼女は両親のいた家から離れて暮らそうとはしませんでした。今となっては確かめることもできませんが、振り返ってみると、彼女は両親のことが好きだったのかもしれません。もしくは親から離れて生きるすべを知らなかった、知らされなかったのではないかとも思うのです。

だから、彼女は両親のもとを離れて暮らすという選択肢がもてなかったのではないかと思います。

子は親を選べません。しかも、子が親を捨てるのは苦しいことです。ある児童養護施設での話です。ひどい虐待を受けていた子が、親の面会を心待ちにするというのです。本来なら、何度も親に裏切られる中、自分自身も成長し、経済的自立と精神的自立がなされると、子どもは親から離れていきます。しかし、知的に障害があり、その機会がなければ、自ら親から離れるということは考えられないことが往々にしてあるのです。

「障害があるから親もとにいるのが一番幸せだ」と親も含め、社会がそう思い込んでいると感じる時があります。「障害があるから自立できない」という固定観念が、日本の社会にはびこっているように思います。それは障害者にとって「あなたは障害者なんだから、このように生きていきなさい」と言われていることと同じではないでしょうか。早く「もうそんな時代は終わった」と言える日が来ることを願っています。

経済的自立や精神的自立という概念のみで自立をとらえるのではなく、福祉支援施策を利用して親から離れて自分らしく暮らすという選択肢を提供できる社会であることが、人権を守る一つの手段であると感じています。

「障害児・者はいつまで『訓練』されるのだろうか」

私が仕事に就いた平成のはじめは「措置時代」で、行政が特別支援学校の生徒の卒業後の施設を決定していました。その頃はまだ、知的障害者に対して「訓練」「指導」という名の処遇がスタンダードでした。卒業後の進路としては、就労や入所施設ということもありましたが、大多数の方が五〇人規模の通所認可施設と、少人数の無認可小規模作業所でした。そこでは主に企業の孫請けの割りばし作業や、紙袋作製や小物づくりが主に日課として組み込まれていました。「訓練」という名のもとに、集団行動や作業に取り組むことに集中するように「指導」されるのです。名字で呼ばれることは少なく、呼び捨てにされることも多々ありました。その頃の職員の名称は「指導員」でしたが、利用者や保護者は職員を「先生」と呼びました。

ある知的障害をもつお子さんのお母さんが、面談でこう語ってくれました。

「この子らはいつまで『訓練』されるのやろ。歩けなければ、子どものうちは訓練するけど、歩けないとわかったら、車いすという移動するための補助具を、どう乗りこなすかが課題になるのに」

私にとってこの言葉は衝撃でした。「知的障害」は眼に見える障害ではありません。だから、知的障害者にとって何が「車いす」である補助具になるのかは、とても重要なことです。それを探すのが本来の「指導員」の仕事ではないかと、目が覚める思いでした。その母の言葉を機に「訓練」ではなく、一人ひとりの障害特性を知り、何に配慮する必要があるのかが指導目標になり、「子ども」ではなく一人の大人として対応できているかと、施設内ではこんなことを毎日毎日話し合いました。

「私たちは先生なのか」
「あだ名で呼んだり呼び捨てするのは人権に配慮できていないのではないか」
「職員には有給休暇があるが、利用者は通院であっても休めば日割り計算され、微々たる作業工賃も減額されるシステムはおかしくはないか」

さらに、バザーで身内しか買わないものを作るより、協力してくれる企業と連携して売れるモノづくりを考えました。その中で、仕事に対するやりがいを感じ、協働することを体得できるよう支援していくことが、作業をする目的となっていったのです。

「人権」とは、知らず知らずの間におびやかされているものだと気づかされた一言でした。

「同じ人である」という認識を広げたい

知的に障害がある人の中には、うまく自分の気持ちを言葉で伝えることができない人もいますが、萎縮して言えない人や、意見を求められる機会が極端に少なく、人に自分の気持ちを伝えることに慣れていない人もいます。

しかし、黙っているから何をしてもいいのではありません。人権侵害をしていることにすら気づかず「訓練」「指導」という名のもとに人権侵害にあたるような対応をしてきた時代があるのです。その反省から支援者は学ばなければならないと思います。障害者が社会からどのような扱いを受けてきたのか。歴史から学ぶことは、同じことを繰り返さないためにも大事なことです。悲しいかな現在も支援の本質を見失い、同じことを繰り返している施設があるのも現状です。

現在においてもマイノリティーである障害者に対して理解がされておらず、それによって人権が侵害されることがあります。一人で電車通勤できるようになった知的障害者に、中高生が「キモイ」「あほ」「ばか」と心無い言葉を投げかけたり、いきなり駅で顔を殴られた知的障害の女性もいます。これは「知らない」だけではなく、相手が弱者であると認識しての行動だと思います。車いすの人が強面だったら、そんな言葉は投げかけないでしょうから。

障害者差別解消法が成立しました。しかし、障害者の人権を守るためには、それだけでは不十分です。多くの人が幼い頃から障害のことを当たり前のこととして知ることが必要です。そして、障害者をかわいそうな人でもなく、自分とは違う人でもなく、同じ人で、現代を生きる社会の構成員であるという認識を広げていかなければ、差別や人権侵害はなくならないと感じています。

(2) 善意の支援者から侵害される人権

痩せていくことを心配する支援者

相談業務ではいろいろな関係機関とやり取りします。その際には、障害者本人が望む暮らしを実現するために、本人も会議に参加します。ここではEさんの支援会議であったことをお話ししましょう。

Eさんは軽度の知的障害があり、一人暮らしを始めたばかりです。不安定な仕事を渡り歩いた後、ようやく障害者雇用枠で安定した仕事がみつかりました。Eさんははりきって仕事をしていましたが、日が経つにつれてどんどん痩せていきます。

そんなEさんを心配して支援会議が開かれました。

痩せていく原因は、携帯代金や、健康のためと契約した栄養食品代が高額すぎて、食費がなくなっていたからでした。そこで、お金の管理に問題があるとされ、支援者から携帯電話のコース変更や、栄養食品の定期宅配を中止することなど、生活の無駄をなくす提案がなされました。それだけではありません。無駄の削除は、衣類や持ち物にも及んだのです。

Eさんはしぶしぶその提案を受け入れ、携帯電話をリーズナブルなコースに変更し、健康食品の解約にも応じました。

本人が納得できる手立てを一緒に考える

しかし、しばらくしてEさんの元気がなくなっていき、仕事も休みがちになりました。金銭的には楽になり、食事に回すお金もできたはずです。それなのに、なぜEさんは元気をなくしてしまったのでしょうか?

Eさんは支援者が心配して言ってくれたことを受け入れましたが、その通りしてみたら、自分が望んでいた生活ではなくなってしまったのです。自分で働いたお金で、自分が良いと感じた健康食品や水を買い、おしゃれもしたかったのです。携帯電話もうれしくてつい動画を見すぎてしまい、高額な請求がきてしまったのです。

支援者はなぜ食費がないのかはわかったものの、そのあとに、支援者個人の価値観を押し付けてしまったのです。支援者は、自分が良かれと思ったプランを提案したのですが、それがEさんにとっては押し付けだったのです。これを私は「善意の権利侵害」と呼んでいます。

なぜ食費がないのかを聞くことも大切です。しかし本来ならば、Eさん自身がどんな暮らしがしたいのかを聞かなければならないと思います。高額な栄養食品はなぜ必要だったのか、携帯電話はなぜ高額請求になったのか、こうしたことを聞くなかで、Eさんはどうしたかったのかを知ることです。その上で、食事ができるお金をどうやって残すかを、Eさんと一緒に考えることが必要ではなかったでしょうか？　本人が納得して改善できる手立てを一緒に考えること、それが支援ではないでしょうか？

いくら善意であっても、支援者の価値観を押し付けて説得するのは支援とは言いません。それが支援者の価値観の押し付けであるということに気づかないことが怖いことだと思います。その裏には「知的障害があるのだから、支援者が正しい道に導いてあげなくては」という、一見親切に見えて実は傲慢な支援者の姿が垣間見えていたりもするのです。

生活保護への抵抗

Fさんは、障害年金と働いていた時の預貯金で一人暮らしをしている精神障害の男性です。生活費の不安が強く、いつもお金のことが心配の種です。少しでも安い食材を買えたか誰かに確認したくなったり、自宅の修理費用や電化製品の買い替え費用などもとても心配でした。

ある支援者が、そんなＦさんを見かねて預貯金額を聞き、生活保護に相談することを勧めました。そして、支援者がＦさんと生活保護の手続きを進めていった時のことです。良かれと思い、支援者がＦさんの前に立ち、生活保護の担当者と話を進めていきました。そうして生活保護が受給されることになります。

これでＦさんの金銭的不安はなくなるはずでした。しかし、Ｆさんは精神科病院に入退院を繰り返すほど調子が悪くなってしまいました。どうしてでしょうか？

実は、Ｆさんは「生活保護」を受給することに抵抗があったのです。Ｆさんの育ってきた環境や時代から、Ｆさんには生活保護を受給することには「国の世話にならなければいけないほど自分は何もできなくなった」という自己否定をともなう抵抗感があったのです。そのため、生活保護が開始されて調子が悪くなってしまったのです。障害年金と作業工賃で生活が成り立つ術はないか、グループホームでの生活はどうかなどについてＦさんの思いを聴くべきでした。その上で生活保護について現在の情報をお伝えしていくなど、Ｆさんと一緒に手立てを考えることができたと思います。この事例では、Ｆさんの気持ちを確認しながら支援の手立てを考えていくプロセスが欠けていたといえるでしょう。

一方的な思い込みが権利侵害を生む

Ｆさんに対してもＥさんの支援者と同じように「精神疾患があるのだから、手続きは支援者が進めたほうが助かるに違いない」という一方的な支援者の思い込みが問題だということをお伝えしたいのです。

支援者の一方的な思い込みや価値観の押し付けは、本人にとっては余計なお世話であって、支援ではありません。しかし、支援者と支援を受ける側という立場の違いは、同列の関係ではなく、上下の関係になりがちです。そのため、支援を受ける側はクレームをつけにくいのです。その上、障害特性から言葉でのコミュニケーションがとりにくければなおさらです。そのことを支援者は十分に理解した上で、「善意の権利侵害」に陥っていないかということを絶えず振り返ることが必要であると思います。

4　親亡き後問題

（1）「この子より一日でも長生きしたい」親の願い

この子を残して安心して死ねない

私が最初に就職した障害者通所施設では、四月に担当者が決まります。そして、家族と連絡を取りながら支援目標を決め、六名の方の生活支援を一年間していきます。毎年五月頃に保護者との面談があるのですが、初めての時はとても緊張しました。

保護者との面談で感じたことは、「親亡き後問題」でした。どの家族もほとんど共通してこの問題を抱えており、「自分が亡くなったらこの子はどうなるのか」「入所施設に入れるのは可哀そう」と悩んでいました。その背景には「社会保障」という考え方が根付いておらず、「家族責任」

という日本の考え方が深くかかわっているように感じています。確かに家族の扶養義務はありますが、その上、親には「元気に産んでやれなかった」という自責の念ともいえる思いがあり、その二つがあいまって、よけいに悩みが深くなるのだと思います。

「この子より一日でも長生きしたい」という親の願いは、子を思う親の愛でもありますが、裏を返せば「この子を残して安心して死ねない」という切実な気持ちでもあります。それは、「あなたなら安心してこの社会に子どもを遺せますか」という問いかけに他なりません。そして、この問いかけこそが、私にこの仕事の使命を気づかせてくれたのです。

先立つ母の願い

仕事に就き数年が経過した頃、私は知的障害と身体障害（重度心身障害者）をもった女性Gさんを担当することとなりました。Gさんは母親、弟との三人で暮らしで、父は病気がちで長期入院をしていました。母親はまだ六〇歳代はじめで、身だしなみにいつも配慮しているおしゃれなお母さんでした。

Gさんについて印象的なことがありました。それは、いつも洗濯物からいい香りがしていたのです。そのことを伝えると、「人様に着替えさせてもらうことがあるからね。いい香りがすると、人はいい気持ちになるでしょ」と優しい笑みを浮かべる細やかな気遣いのできるお母さんでした。

そんな母の願いは「一日でもこの子より長生きしたい」でした。

母は毎日毎日わが子のためにと、電車とバスを乗り継いで朝の九時に施設まで送り、午後の三時半には迎えに来ていました。ところがある日、同居する弟から連絡があり、母が入院したというのです。「末期のがん」でした。入院する間際まで施設への送迎をしていたので信じられませんでした。

弟は仕事をしていたため、母親が入院したら、本人の介護をする者がいなくなります。そこで、短期入所の手配をすることとなり、行政に連絡し、調整をしてもらうことになりました。

その頃の福祉制度は、まだ「措置」という行政処分の段階にとどまっていました。具体的には、行政が施設の空き状況を調べ、行政の権限で行き先を決定していきます。これに対し、現行の福祉制度では、サービス利用者とサービス事業所が契約に基づいてサービス提供が行われ、一部申請や契約が困難な場合において、行政機関が関与することとなっています。

急なことであり、行政が見つけてくれた施設に、Gさんの様子を伝えに何度も足を運ばなければなりませんでした。そうこうしているうちに、Gさんも体調を崩し、入院してしまいました。

母親の病院に行くと「娘は元気かしら」と聞かれましたが、私からは入院したことは伝えられませんでした。母親を気遣う弟さんからも、伝えられませんでした。私は嘘をつきました。「Gさんは元気に施設で暮らしていますよ」と。

死にゆく母の「頼みます。頼みます」

母親の病気の進行は早く、やがてその時がやってきました。

私は、深夜、自宅に誰かが訪ねてきた夢を見ました。黒い影で顔はわかりません。しかし、寝ている私を黒い影がのぞき込んでいます。私が「どうしたの？」と聞いても何も言ってくれません。でも、なぜか私のことを心配しているように思えたのです。「心配してくれているの？」と私は聞いてみましたが、やはり何も言ってくれないまま、気がついたら朝でした。

翌日の深夜、自宅の電話が鳴りました（当時は施設名簿があって、保護者の住所も職員の住所・電話番号も知ることができました）。弟さんからでした。

「母があなたの名前をうわごとで呼んでいます。今なら間に合うかも」と言うので、私は慌てて病院に駆けつけました。なんとか間に合いました。母親と会ってすぐに「夢に出てきたのお母さんやってんね」と気づきました。母は、「頼みます。頼みます」と酸素マスクを薄く曇らせながら、弱い息を振り絞るようにして自分の思いを言葉にし、間もなく息を引き取ったのです。

母親との約束

悔しくて悔しくてしかたがありませんでした。死の間際までわが子の行く末を案じて亡くなっていく母親の姿がたまらなくつらかったのです。「こんな社会おかしい。なんでわが子を看取ることが親の願いなのよ。子どもが障害をもって生まれたら、安心して死ぬことができないのか」。それからその母親との約束を守るため、Ｇさんや弟が安心して生活できる場を探しました。その時に電話一つで協力してくれた当時の児童相談所担当者が、やがて今の私の師匠となるのです。

私は母親の霊前で約束をしました。「わが子が障害をもって生まれても、安心して暮らせる社会になるために仕事していくね」と。

それから三〇年近く過ぎた今でも、その母親の最期を忘れることができません。そして、私は困難なことに出会うたびに、心の中で「自分は約束が守れているか」と問いかけています。今でも「この子より一日でも長く生きたい」という障害者の子をもつ親たちに接する時、私は「日本の福祉は親亡き後も放ってはおかないから」と伝えています。

（2）地域で暮らすことを選べない

「親亡き後は入所」は個人の問題ではない

私が暮らし、働く地域では、障害者入所施設の空きが皆無に近い状態です。親や介護者が急に倒れた時などに、家族の多くは入所施設を希望します。そして、一人では生命の維持や安全の確保が困難な障害者は、介護者である家族が不在になると入所施設が「終の棲家」となることが、ある意味常識化されています。親が倒れなくても、親が様々な理由で介護できなくなると、国が親に代わって障害者入所施設で介護を引き受けるという構図が、日本の福祉で長年続いてきたからです。ところが、施設に空きがありません。仮に空きがあったとしても、親にはこんな不安がつきまといます。

「五〇人や一〇〇人といった規模の集団生活の中で、きめ細かな介護や支援が受けられないのではないか」

「わが子は集団生活に適応できるだろうか」

また、高齢の親（八〇歳代）にはこんな思いがあります。

「国のお世話になるのは申し訳ない」

こうした背景から、「この子より一日でも長生きしたい」という願いが生まれるのです。

この願いが高じて、今でも「親子心中」という痛ましい事態が発生します。これは個人の問題ではなく、社会問題であると感じています。

措置時代のある年に、高齢の女性が自宅で急に亡くなりました。その娘には知的障害がありました。娘は五〇歳近い年齢で、知的には中度の障害でした。二人暮らしで親戚もなかったため、行政が動いて一人では暮らせない娘のために入所施設を探しました。そして、葬儀の翌日に、暮らしたこともない遠く離れた県にある入所施設に送られていきました。その娘は私の担当でした。本人の希望も願いも何も聞かれず入所施設に入り、どんなに不安なことだろうと思いました。しかし、この仕事に就きたての私にはなすすべもなく、見送りました。「親亡き後はこうなるんだ」と痛感した瞬間です。

施設入所以外の選択肢を阻むもの

国は「障害がある人も地域で暮らす」ことを目指して入所施設を造らなくなりました。

そして「地域移行」という名のもとに、福祉サービスを充実させて、入所施設で暮らす人を地域のグループホームや家族のもとに戻したり、一人暮らしを支援するよう勧めてきました。

こうして、入所施設以外の親亡き後の暮らし方が選択できるようになってきたのです。

しかし、グループホームの数は思ったように増えません。グループホームの運営費の問題や地域住人の反対により、建物の確保が困難な状況であり、人件費も安く、グループホームで働く人が集まらないなど、問題が山積しています。そのため、なかなか入所施設からの地域移行が進んでいません。地域で一人暮らしができるようにホームヘルプの制度も拡充されてきていますが、居宅介護支援事業所は慢性的にヘルパー募集をしているほど人材不足で、私の地域でも夜間や早朝、土日に勤務できる人、男性ヘルパーが不足しています。制度ができても、まだまだ障害者が安心して地域で一人暮らしができる環境とはいえません。

また、一旦入所施設に入所された方に「地域で暮らしましょう」と声をかけ、本人が前向きになって施設職員が応援しても、親や兄弟姉妹が反対します。それは、一人暮らしができなくなった時に施設には戻れない、何かあれば「家族責任」という言葉が重くのしかかることも原因の一つであると思います。地域が、まだまだ安心して暮らせる環境になっていないということです。親や兄弟姉妹は「本人が長年安定して暮らしているから、今さら、わざわざ環境を変える必要があるのか」というのですが、誰の人生か、ということがなおざりになってしまっています。

こうして入所施設の空き待ちは増えていく一方となるのです。

私はある一面では入所施設の必要はあると感じています。親もとから一度離れ、地域で暮らすスキルを身に着けるための通過施設としての機能のほか、虐待からの保護、医療連携が常に必要な場合など、介護する家族のレスパイトとしても必要性はあると感じています。しかし、その選択は、本人ができることが大切です。言葉で意思を伝えられない方もいますが、言葉にならない声を聴く努力を、支援者もしなければならないと思うのです。

長期入院を強いられる障害者

精神科病院に長期入院している人が多すぎるとＷＨＯ（世界保健機関）から指摘された日本は、精神科病院の長期入院解消に向けて、三カ月以上の入院患者の医療費（レセプト）が下がる見直しをしました。そして、平成七年には精神衛生法による「医療」から精神保健福祉法による「福祉」に切り替え、「精神保健福祉手帳」が発行されるようになりました。こうして精神科病院に長期入院している方は、本人が知らないうちに「患者」から「障害者」へと移行したのです。これは、精神科病院で「暮らす」のではなく、地域で「暮らす」体制を整えていくためにとられた施策です。

平成一八年には障害者自立支援法において、身体障害、知的障害、精神障害が同じ法律でくくられました。

これは平成一八年以降の話ですが、ある精神科病院に一五年間入院している女性の地域移行を検討する話し合いが、病院でもたれました。そして、まずは病院外へ公共交通機関を利用して買い物に行くことから始めてみました。彼女は切符の購入方法も、お金の価値観も忘れてしまったかのようでした。なぜならば、彼女が入院した頃とは切符の購入方法や金額のほか、改札も大きく変わってしまっていたからです。

外出体験を終え、振り返りの会議の席で主治医は悪びれずにこう語りました。「無理せずに一生病院で暮らしたらいいよ」と。

ある家族は、息子さんの統合失調症の急性期症状（不安や緊張が極度に高まり、特有の陽性症状が顕著に表れること）が激しく、自宅で暴れ、親への暴力もあり、疲れ切っていました。長期入院からの地域移行で一人暮らしを病院から提案された時、猛反対されました。家族は傷ついたままだったのです。病状は治まっているし、投薬の必要性も理解されていると病院がいくら説明しても、首を縦に振りませんでした。高齢になった家族が本人を支えることができないというのが理由でした。

主治医の了解と病院の協力、家族の同意と地域の支援者、そして本人の意思が一致しなければ、地域移行が現実とならないのが現状です。現在は十数年という長期入院患者が新たに生まれないように入院制度も変わっています。しかし、日本には約七万人の長期入院患者がいると言われて久しいにもかかわらず、「地域移行支援」という制度ができた今も、その数字は激減していません。あなりたくて精神疾患になった人も、知的障害になった人も身体障害になった人もいません。あなたの大切な家族や自分自身が「障害者」であったら、と考えてみてください。日本には、病気や障害があると自分が望む暮らしができなかった時代があり、その後遺症はいまだに残っているのです。

(3) 親のケアマネジャーからつながる在宅障害者支援

餓死覚悟の親子への対応

地域で相談業務をしていると、ケアマネジャーからこんな相談が入ることが多々あります。それは、「介護保険の申請を受けてご自宅を訪問すると、どう見ても障害があると思える家族がいます」という報告です。ところが、ケアマネジャーからこうした報告を受けても、どこの関係機関もかかわっていないことが多いのです。

その家に介入するきっかけは、民生委員から「最近母親が外出していない」という連絡を受けたことでした。介護保険のケアマネジャーが自宅を訪問すると、見るからに顔色の悪い母親が、這うようにして出てきたといいます。部屋にケアマネジャーを招き入れることを拒んでいましたが、何度かの訪問でようやく入れてもらえるようになり、自宅に入ってみると、寝たきりの骨と皮だけのような息子が、おむつ一枚で横たわっていたのです。息子は、義務教育を卒業してから何十年も自宅から出ていない状態でした。身体にも障害があるようで、まだ四〇代のはずなのにやせ細り、おむつをして、歩行もできない状態でした。眼はうつろで、言葉も話せるのかどうかもわかりませんでした。

母親は病をもっていましたが、生活費に困窮し、医療から遠ざかるうちに外出もできなくなり、息子とともにこのまま餓死することを決意していたと言います。

そこですぐに行政と連絡をとり、生活保護申請をしました。そして、医療につないだ後に、母は介護保険施設に入り、息子は障害者入所施設で暮らすこととなりました。家族の意思よりも二人の「命」を優先して対応したのです。

SOSを発見して地域でつながる必要性

このような命が危ぶまれるような事例は稀です。しかし、長年何の福祉サービスも受けず、自宅で両親が障害者の子どもを介護し続け、親の介護保険の導入で発見されることは稀ではありません。

その多くは社会とまったくつながらず、両親だけが本人の介護をしてきたのです。それは「座敷牢」と同じ状態と言えます。「座敷牢」とは、村社会の日本において、障害や病気がある家族を、自宅のある部屋に閉じ込めて外に出さないという慣習です。現在の社会ではかつてのような座敷牢はないにしても、福祉の情報が届かなかったり、福祉を拒否し続けることで社会から孤立し、親に介護が必要な状態になるまで誰にも会わない状態が発生しています。

ですから、障害福祉に携わる人間も、ケアマネジャーの皆さんと情報を共有し、地域の中に埋もれている声にならない「ＳＯＳ」を発見し、制度の垣根なく「地域」でつながる必要があるのです。このようなケースを生み出さないために、どのような地域のつながりが必要なのかを考えなくてはなりません。

昔ながらの障害者団体に、若い人が少なくなりました。「ＩＴ革命」という言葉に象徴されるように、現在の日本は情報社会に突入し、団体に加盟しなくても個人でインターネットで情報がとれるようになったからです。しかし、その溢れる情報に耳を傾けようとしなければ、ないものと同然です。また、インターネットやスマートフォンの環境がすべての家庭に届いているわけではありません。そのような家庭には、どのように福祉とつながる手立てが作れるのか。答えは一つではありませんが、制度の壁を越えた地域単位のつながりが重要になってくると感じています。ますますケアマネジャーや学校、自治会などとどう連携をとるのかが、アウトリーチ（相談やＳＯＳを待つのではなく地域に出向き発見していくこと）のキーになると思います。

福祉職に求められるマルチな人材

私は阪神淡路大震災の時二八歳でした。神戸の海岸寄りの下町に住んでいたので、被害は甚大でした。火災が多く発生したあの日の、黒くすすけた悲しい太陽を今でも鮮明に覚えています。あの頃はどこに高齢の単身者がいるのか、どこに障害者がいるのか、どこに産まれたての子どもがいるのかなど、自分が暮らしていた狭い地域であれば、おおよそのことがわかりました。だから、身体が動く者が、近所に声をかけて回りました。そして無事を喜び、埋まっている人がいれば人を集めて掘り出し、救出しました。

被災地で混乱せず整然と炊き出しの列に並ぶ日本人の姿は、世界中で評価されました。そこには「困っている時はお互い様」という日本の美しい思いやりの精神が基礎にあり、下町という日ごろからの地域のつながりが功を奏したのだと考えています。

今、厚生労働省は「我が事丸ごと支援ネットワーク」なるものを打ち出して、地域住民の活躍に期待しています。そこでは地域の相談窓口を制度の縦割りではなく、「地域」単位の窓口一本化を目指しています。ただ、窓口が一本化されても、その窓口の中でどのような連携を図り、どうやって迅速な対応がとれるようにするかがこれからの課題になると思います。

福祉職は、これまで児童や高齢、障害などの分野ごとに専門性をもって動いてきました。しかし、今後はマルチな人材が「地域」において必要とされてくるのだと思います。

なぜならば、ひとりでも多くの人の「ＳＯＳ」を聴き逃さないことが大切になってくるからです。そのためには、地域住民とともに地域で暮らし、情報や制度からこぼれ落ちている人を見つけ出し、必要な制度につなげていく地域づくりのリーダーシップが福祉職に求められています。

5 家族の苦悩

（1） 重度心身障害児の親

仮眠すらとれない母親

近年の医療の進歩で、低体重児や様々な障害をもって誕生する命が救われています。それは非常に喜ばしいことです。その一方で、医療の進歩の速さに福祉が追い付いていないのが現状です。それが今の福祉の課題でもあります。

医療器具も進歩し、少し前なら長期入院や医療と直結した施設で暮らさなければ命がつなげない状態であった人も、自宅で暮らせるようになりました。人工呼吸器から痰吸引の機械まで、介護ベッドさえ置くことができれば、ベッドの横に収まるコンパクトサイズになったからです。

しかし、その器具を使うのは医療従事者ではなく、家族です。家族には、看護師や施設職員のように三交代制もなく、昼夜問わず介護をしなくてはなりません。

その介護を担うのは、多くの場合、母親となります。

母親は、出産と同時に毎日のようにわが子の命の心配をし、「自分の命と引きかえても助かってほしい」と願い続けるのです。そして、命の心配が少なくなっても、自分が操作を間違えたり、痰が詰まっているのを見逃したら、それがわが子の命取りになるという状態が、自宅に帰ったとたんに二四時間、毎日続きます。

私が出会った母親は、出産後一年間わが子の入院先に毎日通い、退院したのち三か月間熟睡することもできず、体調を崩してしまいました。退院と同時に訪問看護も週三日来てもらっていましたが、呼吸器をつけたままの入浴など、母親一人ではできないことを主に担ってもらっていたため、訪問看護が来ても休むことができません。美容院にも行けず、自分の通院もできませんでした。

父親も仕事があるため、わが子の医療ケアを自分一人でできるほどの自信もありません。そのため、母親は介護を父親に任せるわけにもいかず、仮眠すらとることができませんでした。

介護者が休息するために、医療とつながった施設（療養型医入所施設）で短期入所する制度もありますが、ニーズに対して施設が少なく、いつでも好きなだけ予約が取れるわけではありません。ホームヘルプ制度も、自宅で子どもの支援を行う時は、必ず親が在宅していることが条件です。

声を届けるために相談支援ができること

ほんの一〇年ほど前の話です。私が相談業務の仕事をし始めたころに、人工呼吸器をつけた五歳の女の子の母親が相談に来られたことがありました。現在の仕事を続けたいと言います。それまでは幼稚園に看護師を加配し、延長もあったため、仕事をすることができました。しかし、小学校に入ると延長がありません。学童保育は学校から目と鼻の先の距離ですが、その移動を誰も支援できず、そのため仕事を辞めなくてはいけない、と言うのです。その家庭は母親の収入で生計が成り立っていました。母親が仕事を辞めるということは、生活保護を受けることを意味していました。

当時の制度を調べてみましたが、使えるものがありません。行政にも相談しましたが、「子どもに重度の障害があるのになぜ母親が働くの？」といった疑問をもたれる時代でした。

その後、放課後等デイサービスという制度ができました。これにより、特別支援学校や小学校に送迎車で迎えに来て、放課後はデイサービスで過ごし、一八時頃に送迎車で自宅まで送り届けるというタイプのサービスが多くできました。

医療ケアが必要な児童への福祉が遅れていることが課題とされ、医療ケアが必要な重度心身障害児の支援体制を強化すべく国も動き始めています。

家族だけに心身の負担がかからず、社会でケアしていける時代が来るためにも、こうした課題が一つひとつ取り上げられ、制度を変えていく柔軟な対応が求められていると感じます。

これまでの日本の福祉は、集団で議員に陳情することで、障害者の意見が制度に反映されることが多かったようです。それは、集団が大きければ大きいほど声も届きやすいという結果を招きます。それは逆に、集団が小さければ、声も届きにくいということでもあります。

医療ケアが必要な子どもの数は全国的に増えてきています、しかし、他の障害に比較すると重度心身障害児は多くはありません。そのため、なかなか声が届きにくいのです。

長年かけて親が声を挙げることで、近年、医療ケアが必要な子どもの支援が検討されてきています。同じような課題を抱えている人がいて、今あるサービスで解決できないとなった時、個人個人がばらばらに権利を主張したり陳情をするのではなく、地域の課題として取りあげていくことも、相談支援の役割であると感じています。

(2) 夫が、妻が、障害者になった

応益負担という考え方

・働きざかりの夫が突然脳出血で倒れ、半身まひが残った。
・子育て中の妻が交通事故で高次脳機能障害が残った。
・妻や夫が難病になった。

こうしたことは、いつ何時起こるかしれません。ところが、人間、先のことは誰にもわからないのに、なぜか「自分には起こらないだろう」という思いがどこかにあり、いざ直面すると「なんで、まさか自分が……」となります。

しかし一方で、人は「自分もやがて歳をとっていく」と思っています。そこが障害福祉と高齢者福祉との大きな違いであると感じています。

介護保険制度では四〇歳から保険料を支払います。したがって、四〇歳で指定されている一六

疾病（脳梗塞やリウマチなど）により介護が必要とされれば、介護保険を利用することができます。その一六疾病に入っていない病気や事故で障害を受け介護が必要となった場合は、障害福祉サービスの認定を受け、障害支援区分が出ればサービスを受けることができます。

ただし、生活保護世帯の場合は少し違ってきます。

生活保護法には「他法優先」という考え方があります。生活保護制度は最低生活の保障を行う「最終手段の手立て」という考え方です。簡単にいうと、他の法律で賄える費用は他の法律を優先して利用し、それでも最低生活基準に満たない場合、その不足部分だけを生活保護費から拠出するというものです。

例えば生活保護制度を利用しており、障害年金も受給できる人は、障害年金制度を利用し、最低生活費から障害年金を引いた金額が生活保護費として支払われます。

介護保険はサービスを利用した人が利用料の一割〜三割を負担します。しかし、障害福祉サービスでは、非課税世帯や生活保護世帯にはサービス利用料の一割を国が負担する制度があります。生活保護受給者は介護保険料を支払わないので、介護保険の被保険者ではありません。しかしそれでは介護が必要になった時に困るので、六五歳を超えた一号被保険者にあたる人には、生活保護費の生活扶助という項目から保険料を支払い、サービス利用料の一割負担は介護扶助という項目から支払われます。よって、生活保護を受給している四〇歳以上六五歳未満の二号被保険者にあたる人は、サービス利用料一〇割を介護扶助から支払われます。介護保険の被保険者ではなく、介護保険も利用しないので「みなし二号」として介護保険と同じ介護サービスの利用料一〇割が保護費から支払われる仕組みです。ですから、生活保護の「他法優先」の観点からいうと、二号被保険者（四〇歳から六四歳まで）の介護サービス利用料の一〇割負担を介護扶助として支払うよりも、障害福祉サービスを利用したほうが、費用負担が軽くなります（障害福祉サービスは基本一割負担ですが、収入額により国からの補助で利用料負担がかからなくなるからです）。六五歳以上は障害福祉サービスよりも介護保険が優先されるので、生活保護世帯も六五歳を超えると介護保険に移行します。

平成一八年の障害者自立支援法が成立するまでは、障害福祉サービスを利用するにあたり、自己負担はありませんでした。ところが、平成一八年の障害者自立支援法で、障害福祉サービスも介護保険同様、サービスを利用する者がその一割の金額を負担するということを打ち出しました。これにより、障害年金（国が定めた最低生活保障としての生活保護費よりも大きく下回る金額）しか収入のない人、トイレに行くにも水を飲むにも介護が必要である人にもすべて利用料を課したのです。

そこで、障害者や支援者、家族が立ち上がり「違法である」と国を相手に各地で訴訟を起こした結果、和解が成立し、現在の制度となりました（非課税であれば国が負担し、非課税ではない人には上限負担金額を設定し、一部負担する）。

ところが、夫婦の場合は別で、どちらかに収入があれば個人ではなく世帯としての収入に対して、上限はあるものの自己負担がかかるのです。その場合、多い人で月三万円以上の負担になります。

妻や夫の障害で収入は減り、経済的負担がのしかかる

ある男性は、妻が子育ての時期に進行性の難病となり、徐々に家事育児が難しくなってヘルパー制度を利用しました。しかし、夫が日中仕事をしなければ生計が成り立ちません。そのため、夜間も介護が必要になってくると、毎日睡眠不足の状態になってきます。そこで、夫の身体を心配して夜間にヘルパーを導入することも検討しましたが、深夜のおむつ交換などのために訪問するヘルパーもなかなか見つかりませんでした。仮に見つかっても、ヘルパーが来るたびに自宅のカギを開けるのは夫になるのです。結果、夜間のおむつ交換や水分補給は夫の役割となってしまいました。

仕事から急いで帰り、子どもの食事を作らなければならず、残業もできないので収入は減ります。妻の障害年金や難病の医療助成は受けることができましたが、住宅の改修や介護ベッドなどの福祉用具、訪問看護費用、福祉サービスの一割負担などの費用がかかり、その家庭はサービス利用料の上限額の九六〇〇円が必要でした。こうした出費が重なると、経済的な負担が重くのしかかってきます。

施設入所も検討しました。そうすれば、一級の障害年金があれば自己負担はなく、施設での費用は賄えることになっているからです。しかし、夫婦であるために、妻には年金収入しかなくても夫に収入があるので、入所施設の上限利用料月三六二〇〇円の負担が食費などの諸経費に上乗せされます。すると一級障害年金では支払えない額になりました。さらに、子どもの成長とともに学費など支出も増えます。そこで、妻は離婚を申し出て、夫の身体を案じ、子どもと離れて暮らすことを決意しました。

自宅で介護すれば年金内で出費はおさまりますが、夫に介護負担がかかり、仕事もままならない状態になります。一方、施設入所すると年金では収まらず、家計に影響が出てしまいます。

精神障害となり、働くことができなくなった男性の妻の場合は、子供や夫を支えるために働きに出ますが、家族を支えるには十分とは言えない収入に対しても、夫がサービスを利用すると一割負担がかかります。

また、脳出血を起こし高次脳機能障害が残った夫が、就労を支援するための福祉サービスである就労継続支援を利用すると、妻の収入に応じて利用料がかかり、作業収入を上回ることがあります。

介護保険においても、介護保険料は年金や給与から徴収されますが、利用するサービスの一割の自己負担が支払えなくてサービスを軽減する話はよく聞きます。だから老齢年金で細々と暮らしている人が介護保険を利用するようになり、生活保護を申請するようになるのではないかと感じています。生活保護になれば介護保険料の一割負担は介護扶助で保護費から賄われるからです。福祉サービスは社会保障であるにもかかわらず、貧富の差や配偶者に収入がある、なしでサービスの利用が困難になる事態に対しては、早急に検討して頂きたいと現場では感じています。夫や妻に介護が必要になるということは、家族の暮らしが変化することです。それに対応し、経済的な心配をしなくても済む社会になることを願っています。

（3）親亡き後の兄弟姉妹

統合失調症の兄が残されて

親と障害のある子どもが二人で暮らしている世帯は、私の働く地域にも多くあります。その親が亡くなった時に、兄弟姉妹がいると、残された障害者の今後の暮らしなどを考えていくために連絡を取ることとなります。連絡が取れない人もいますし、従妹や叔父叔母が出てきてくれることもあります。

親が突然亡くなった場合、兄弟姉妹は長年離れて暮らしており、何がどうなっているのかまったくわからないといったこともあります。

Hさんの父が急死し、病弱な母と統合失調症のHさんが残されました。姉が近隣にいましたが、家庭もあり、日ごろは疎遠な生活をしていました。突然の父の死は、姉にとって生活を一変する事態でした。父がHさんの介護をすべてしていたので、病弱な母とHさんとの暮らしは難しく、姉はHさんの主治医に相談しに行きました。

しかし、そこで現実問題を突き付けられました。Hさんの症状は安定しており、入院を考えることも難しく、入所施設もグループホームも簡単に空きが見つかる状況ではない、と伝えられたのです。

姉は、精神科病院から相談支援があることを聞き、地域の福祉施策について話を聴かせてほしいと、私がいる相談支援事業所に来られました。

姉は主治医から現実的な話を聞かされ、途方に暮れていました。そして、こう訴えたのです。

「自分が母と弟を引き取ることしか選択肢はないのか」

「弟を長期入院させてくれる病院はないのか」と。

Hさんは父がすべて介護してきたので、何もできない人だと言うのです。母も病弱で、大きな手術をしてからは父が家事もすべてしてきたので、母とHさんの二人暮らしなどはまったく論外であるとも言います。Hさんはこだわりが強く、些細なことでひっかかると何度も同じことを繰り返し、あちらこちらに電話をかけてしまうと言います。そのため、姉の自宅の電話番号も教えていないそうです。姉と同居していた三〇年前は、Hさんは急に人が変わり、自殺しようとし、テレビの殺人事件のニュースを見ると目が変わるので、怖いと感じる時があったと言います。だから自分の家庭には連れて帰れないと。

家族を支えることも相談支援の役割

自宅を訪問してHさんと会ってみると、お姉さんの話にあるような急性期は過ぎており、安定した生活が過ごせているように見えました。金銭管理や投薬管理、食事の準備などには支援が必要ですが、日常生活の身の回りのことは、見守りさえあればできていると判断できました。お母さんは介護保険を導入し、ご本人さえ望まれれば、訪問看護やヘルパー制度を利用すれば自宅で過ごせるのではないかという結論に至りました。

Hさん自身も、姉には迷惑をかけたくないので、自宅で母と二人で暮らしていきたいという思いがありました。そこで、姉に安心してもらえるよう医療や福祉の制度を説明し、二人の暮らしの希望を叶えるために支援計画を提示しました。

しかし、姉の不安はなかなか消えませんでした。

それは、姉の中には急性期のHさんの姿やそれを支える両親の苦労がまだ昨日のことのように残っていたからでした。私が会ったHさんの姿とは違い、姉の中にいるHさんは昔のままだったのです。

姉は三〇年前にHさんが統合失調症を発症した時期のことを話してくれました。姉は高校生で思春期でした。何度も自殺未遂をし、両親にけがをさせ、自宅で暴れるHさんを、高校生の姉は恐怖と不安のどん底で見ているしかなかったと語りました。

統合失調症は本人にとってもつらい病ですが、家族にとっても深く傷つく病であると思い知らされました。

姉はひとしきり当時のことを涙ながらに語り、これからの不安を吐き出しました。私は吐き出すべきだと直感的に感じたのを忘れません。姉はこの気持ちを今まで誰にも伝えることができずにいたのです。

そして、こう感じました。

「家族だからと責任を押し付けるのではなく、家族の歴史を知り、家族を支えることも相談支援の役割ではないか」と。

その家族は現在、母の介護保険とHさんの障害福祉サービスと医療が連携をとり、地域で二人で暮らしています。行政的な手続きなどはお姉さんが手伝ってくれています。今では、わからないことや不安なことがあれば、お姉さんは私に連絡をくれるようになりました。

（4）障害者の親をもつ子ども

子どもへの支援は皆無

「障害をもつわが子をどのように育てるか」

「高齢になった親が障害をもつわが子の将来をどのように考えるか」

こうした問題はメディアに取り上げられ、親の立場での著書なども見受けられます。また、福祉施策でも、親亡き後も地域で暮らせるように、在宅生活の支援や、障害児を育てる親の就労を支援する施策などが考えられてきています。


しかし、障害をもつ親に育てられる子どもへの支援については、ほとんど皆無に等しい状況です。精神疾患しかり、難病や交通事故による中途障害しかり、障害をもつ理由は様々です。しかし、子どもを支える学校と親を支える福祉の連携がなかなか取れないと感じています。縦割り行政の壁が大きく、また子どもの問題も虐待やいじめ、非行に貧困など、非常に多くかつ深刻な課題であり、子育ての政策だけで関係機関が手いっぱいになっている状態がうかがえます。

親子間連鎖の懸念

ある世帯は、身体障害の母親と祖母と娘の三人家族でした。娘が手伝ってくれるからと福祉サービスを利用していなかったのですが、祖母の介護が今まで以上に必要となり、祖母の介護保険を提案しに訪問したのがきっかけで、この世帯と出会いました。

父は幼い頃に離婚して、それ以来まったく連絡をとっていない状態でした。娘は中学生でした。とても美人で礼儀正しいふるまいのできるお嬢さんでした。始終笑顔で、家の手伝いや祖母の介護も娘さんが手伝っており、とてもできたお嬢さんでした。しかし、違和感がありました。笑顔が無表情というか、目が笑っていなかったからです。

一年が経過し、その子が高校に進学しました。通学に時間がかかるために母の介護ができない時間帯が増えたので、母の福祉サービス導入のための相談で訪問した時にも、やはり違和感のある笑顔で出迎えてくれました。

気になったので、娘さんに学校のことや将来のことを聞いてみました。

学校生活と家族の介護がうまく両立できていると思われている高校一年生の心の中は、実は「あきらめ」一色でした。「どうせ自分は家のことがあるから、友達ができても一緒に遊びに行けない。だから友達をつくらない」と言うのです。中学の時、先生に「つらくないか」と聞かれ悩みを打ち明けたことがあるそうです。すると精神科受診を勧められ、受診したものの、「大丈夫です」と笑っていたら「問題ない」と言われ、結局何も変わらず、「相談しても無駄なことだと思った」と言います。

「心の叫びに気づいてほしい」と彼女は自分なりに訴えてきたのだと思います。お母さんのこともおばあちゃんのことも大好きで、自分が家のことをしないとは言えず、同級生との遊びや会話にも入ることをあきらめ、大人に話すこともあきらめていたのです。そんな心の叫びを押し殺した仮面のような笑顔に「誰か気づいて」とメッセージを発信し続けてきたのだと感じました。

その後、母にも福祉サービスが入り、娘さんが介護することは少なくなりました。そして、いつか一人暮らしをしたいと、現在は大学に通っています。

しかし、このままでは娘さんも精神疾患を発症するのではないかと懸念され、子育て支援を担当する行政から学校の様子を聞いてもらいました。もちろん、親の了解などとれません。こうした状況では、相談支援から学校に問い合わせても、「個人情報の壁」が立ちはだかり、相手にされないのが今の私の地域での現状です。

行政からの返答は「学校では問題はないようです」と、それだけです。まだまだ連携がとりにくい現状が支援の手立てを途絶えさせてしまいます。

すべての学校や教員が同じではないのは承知しています。うまく連携がとれることもあります。スクールカウンセラーやスクールワーカーという職種もでき、その職種の方も地域との連携を望んでいるといいます。ところが人数も少なく、雇用形態も安定しない地方ではなり手がなく、定年した教員がその職についている地域もあると聞き及びます。

子どもは親を選ぶことができません。子は親を大人のモデルとして成長していきます。自分の家が特別であるのかも、比較する対象がないとわかりません。学校の先生も、親に問題があるとわかっていてもそのことに触れず、一年経過すれば担任は変わり、次にバトンタッチです。こうして問題が先送りされていくこともあります。

私が問題に感じているのは、「親子間連鎖」という問題です。これは親の影響からその問題が子どもに連鎖するように引き継がれていくということです。子どもが抱える問題が表面化しなければ見過ごされやすいのです。

私が子どもだった昭和四〇年代の下町は、親以外にも大人のモデルになる人が地域におり、近所のおじちゃんおばちゃんに怖い人がいて、よく怒られたものです。その怖い人が、困った時には頼りになる大人であったりもしました。

そう考えると、学校、地域、福祉がつながることで、子どもが救われることがあるのではないかと思います。

そして、障害者の親をもつ子どもについて、支援の手立てが地域社会の問題として考えられるようになっていかなければならないと強く感じています。

（5）時代格差

過渡期の今だから歴史を学ぶ必要がある

私たち福祉職に携わる者は、日本における障害福祉の歴史を学ぶ必要があります。このように言うと意外に思うかもしれませんが、これには理由があります。

日本の障害福祉の歴史はこの五〇年で大きく変化してきました。それにともなって、その時代によって考え方も違ってきました。だからこそ、このことを理解したうえで、私たち福祉職に携わる者は、障害当事者やその家族と接することが必要であると感じています。

八〇歳前後の方は、昭和の初めの生まれとなります。戦前に生まれた世代で、青春時代はもちろん戦後です。身体障害者福祉法が一九四九年に制定され、当時は、障害福祉は戦争でケガを負った負傷兵への支援という形で行われていました。この時代は医療も今のように進んでいませんし、衛生的な環境もありません。

戦後日本は高度成長期に入りますが、その頃に知的障害の子どもをもつ親の会が発足します。

そして、地道な活動を展開し、一九六〇年に精神薄弱者福祉法が制定されます。その後、WHOから日本の精神病棟の多さと精神病の長期入院患者の多さを指摘されます。そして、精神障害者福祉法が制定されます。

さらに二〇〇六年に三つの障害者福祉法が一本化され、障害者自立支援法となり、見直しを重ね、現在に至ります。詳しくはここでは述べませんが、日本の福祉は激動期にあると言ってもよいほど変化しています。是非歴史を振り返ってみてください。

昭和二〇年代にも知的障害者や精神障害者や身体障害者が世の中にいたはずです。その頃の障害者はどのような暮らしをしていたのか。それを推察するには、時代の流れを理解した上で思いを馳せることが大切です。

昭和五五年まで、就学猶予という名のもとに、義務教育さえ受けることができない障害児が多くいたはずです。昭和四〇年代後半から昭和五〇年代前半ごろには、私の地域の小学校には「仲良し学級」という障害児クラスがありましたが、今思えば、算数や国語の勉強が苦手な児童がその時間だけ通うクラスでした。そして、体育や音楽といった科目は、通常の児童と一緒に同じクラスで授業を受けていました。

重度の知的障害や重度の身体障害をもった児童については、義務教育を受ける権利さえ保障されていませんでした。その児童を「親が一生面倒見ていく」覚悟で子育てをしていた時代もあるのです。

サービス受給への抵抗

八〇歳代の父が、六〇歳近い四肢にマヒがある息子の入浴介助をしている家庭を訪問したことがあります。生活の様子をうかがうと、玄関先や浴室に段差があり、ベッドへの移乗もお父さんにとって体力的にかなりきつくなっていると推測できました。そこで、ホームヘルプの説明をし、浴室も見せてもらいましたが、段差もあり、介助するにはヘルパーが二人必要だと判断できました。そこで、ホームヘルプサービスで入浴介助ができることを説明しましたが、まだ父親が入浴の介助はできるのでサービスはいらないというのです。

自宅に見ず知らずのヘルパーが入ってきて、自宅の浴室や台所を触るのに抵抗がある。ましてや、入浴の介助となると裸を他人に見られるのでなおさらであると。こうした抵抗感は、介助を受けるご本人より、お父さんにありました。いくらお父さんが転倒してお互いにけがをした時の危険性などを説明しても、お父さんの中には「自分の身体が動くうちは国の厄介にはならない」という強い価値観がそうさせていたのです。いままで税金を納めてこられて、日本の経済成長を支えてくれた世代だから、お父さんと息子さんが一緒に暮らせる支援をさせてほしいと伝えても、首を縦には振りませんでした。

何年もかかりましたが、その後、自宅には入らない形のサービスから導入することができました。移動支援から始まり、自宅で入浴せずに生活介護サービスを利用し、そこで入浴をするようになっていったのです。

時代背景を知り、寄り添う支援

八〇代の親から二〇代の親まで「親」とひとくくりにしても、そこには孫子ほどの年代差があります。価値観は個人によっても、また世代間によっても違って当然ですし、時代によっても変化するものです。インターネットや携帯電話の普及で情報量が増えました。そのことで、障害をもつ人やその家族が「家族会」「当事者会」などを地域で構成して課題や情報を共有してきた時代から、世界のどこにいてもパソコンやスマートフォンがあればつながり、情報を共有できる時代になりました。

離婚したら「出戻り」と言われ、肩身の狭い思いをしていた時代から、今や「バツ1」「バツ2」と表現され、「シングルマザー」を支援する施策もあります。こうした動きを受け、「離婚」によって肩身の狭い思いをする時代ではなくなりつつあります。

福祉のとらえ方も「お国の世話」から「権利」へと変化してきるように感じています。どちらが良くてどちらが悪いということではなく、その人や家族の生きてきた時代背景を知ることで、その人の想いを推し量り、寄り添う支援が必要であるということを伝えたいのです。

6 「二次障害」という問題

（1）大人の二次障害

知的障害に統合失調症を発症

「二次障害」という言葉を初めて聞いたのは相談支援の業務について間もなくの時でした。知的障害の二〇代の女性が、就労してから一年ほどでガラスを割る、興奮して夜眠れないなどの状態が続くようになりました。その相談を受けて精神科に受診した時に「二次障害で統合失調症を発症している可能性がある」と医師に言われたのです。

知的障害者の中には、統合失調症を発症していても、自分自身に起こっている変化を言語でうまく表現できないことがあります。そのため、自傷行為が激しくなるなど、実際の症状が把握しにくいことがあるというのです。知的障害がベースにあり、その後統合失調症を発症したと思われるケースを、その当時は「接枝分裂病」と呼んでいました（今はこの診断名は使われておらず、知的障害を伴う「統合失調症」と呼ばれています）。

知的障害への適切な対応が二次障害を防ぐ

ある日、生活保護担当者からの紹介で障害福祉サービスを利用したいという精神障害者手帳を持っている男性と出会いました。その男性は両親が早くに亡くなり、親戚の家をたらいまわしにされながら成長し、中学を卒業してからすぐに工場に住み込みで働いてきました。勉強は小学生の頃からほとんどわからなかったと言います。転校を繰り返したものの、すぐに友達はできたそうです。人当たりの良い方でしたので、納得できました。

しかし、住み込みで働いていた工場が閉鎖されてしまいました。行き先をなくした男性が行きついたのは、詐欺まがいのことを手伝わされるやくざな世界でした。恐喝や万引きを繰り返し、やがて刑務所に入ることを繰り返すようになりました。いけないことだとわかっていても、食べていくためにはその手段しかなかったと言います。そして、その世界からやっとの思いで抜け、日雇いで働き始めたもののうまくいかず、職場でも不当な扱いを受け続け、「統合失調症」を発症したのです。

その後、長期間精神科入院をし、今は一人暮らしをしています。その暮らしは生活保護で成り立っていました。ところが、字が読めないのに新聞を二紙とっていたり、自分名義の携帯電話を数台契約していました（近隣の人に騙され、携帯電話の契約をしていたのです）。こうして金銭的にはかなり苦しい生活をしていましたが、そのうえ、訪問販売によい返事をしてしまうなどを繰り返し、金銭的にますます苦しくなっていきました。

幼少期に療育手帳が発行されていたら、この男性の暮らしは違っていたのかもしれません。知的障害があったのに適切な療育が受けられない環境であったために、二次的に「統合失調症」を発症してしまった方だったのです。

私が出会った時には、もう六〇歳近い年齢でした。もちろん成育歴を見てわかるように、幼少期の発達の遅れを証明してくれる物もなければ人もいませんでした。精神科に受診し、発達検査を受けてもらうと「中度の知的障害」であることがわかりました。

金銭管理を日常生活自立支援事業（日常生活に支障を感じている高齢者や障害者、精神障害者の方の日常の金銭管理などの支援を行う制度）を利用することで生活費を確保し、騙されないように成年後見制度も検討していきました。こうして、その男性を守るための制度によって環境を整えていったのです。

「二次障害」を防止するためにも早期に障害を発見し、適切な療育環境を整えることが必要であると、この男性の人生を通して教えてもらったように思います。

「二次障害」は知的障害だけではなく、その他の障害でも発症します。例えば視力障害や聴覚障害、難病、身体障害、発達障害など、障害があることで社会生活が阻まれると「うつ病」など、二次障害として精神疾患を発症することがあります。また、精神障害から自傷行為を繰り返し、高所から飛び降りる、首を吊るなどし、命が助かっても二次障害として身体障害が残ってしまう方もいます。

発達障害の診断に心が晴れる

「発達障害」という概念は日本にも定着しました。そして、発達障害が基本にあり、それによって社会生活に適応しづらいことから「二次障害」として精神疾患を発症している方と出会うことも多くなりました。その多くは、自分自身に発達障害があることに気づくチャンスもなく、精神科に通院していても二次的な精神疾患が表に出て、違う精神疾患の診断名がついている人たちでした。

診断名と生活の様子に食い違いを感じる時は、注意が必要です。なぜならば、日常の生活の様子を本人が受診時にすべて主治医に話せているとは限らないからです。そのため、医療と連携をとることも必要です。主治医の中にも、自宅での様子を把握しきれないことを課題に感じている医師もあります。そして、地域との連携に積極的に動いてくれる医師も増えてきました。

相談業務を専門とする者も、現場での直接支援をする者も「診断名」にどのような症状があるのか、大まかにでも把握しておく必要があります。

ある人（女性）は小学校の頃から「なぜ自分だけが怒られるのか」「みんなにできることが、どうして自分にはできないのか」と悩み、努力しても報われないことを重ねるうちに「自分はダメな人間だ」と思うようになったと話してくれました。

小学校の時は、本を読むのが好きで国語はできるのに、算数はまったくと言ってよいほどできなかったと言います。授業中も、気になることが出てきたらそのことばかりが気になり、集中できなくなったそうです。机の中やランドセルの中を片付けることができなくて、宿題も忘れ、保護者あてのプリントもすぐになくしてしまいます。

担任の先生からは「注意力がない」「整理整頓ができない」「苦手なこともがんばりましょう」などと毎年言われ続けてきました。成長するとともにだんだん自分自身にダメ出しをしていくようになり、自己肯定感がボロボロになっていきました。

自分を自分で認められないというのはとても不幸なことだと思います。

彼女は成人し、精神科を受診し「うつ病」と診断されました。その後、精神保健福祉手帳を取得しました。しかし、ある日「発達障害」の概念を本で知り、「自分にぴったりだ」と感じ、「発達障害」に詳しい医師を探し「発達障害」の診断を受けることとなったのです。

診断結果が出て、こう感じたと言います。

「自分はダメな人間ではなくて、障害だったんだ」と。

そう思えたことで、心が晴れた気分になったと言います。彼女はその後、同じように悩んでいる方のサポートができるのではないかと、現在も、講演会活動やピアサポーターとして活動しています。

(2) 子どもの「二次障害」

合理的配慮が自己肯定感を生む

発達障害や軽度の知的障害が見つからず、どうしてもできないことを努力不足だと注意され続けることは、心の成長の妨げになります。障害者差別解消法ができ、「合理的配慮」が教育の場面においても必要であると言われています。

できないことをできるようになることはよいことですが、なぜできないのかを精査したうえで、どのようにすればできるようになるか、その手立てを考えるのが「合理的配慮」であると思います。

例えば、車いすを利用している友人と食事に出かけるとしたら、階段を利用しないと入れない場所は選ばないと思います。どうしてもその場所に階段しかなければ、スロープはあるか、お店の人に頼めば人の力でなんとかなる程度なのかなど考えると思います。できないことがわかっている階段を一人で上るようにとは言わないでしょう。

このように、できないことについて配慮をすることが「合理的配慮」です。しかし、目に見えない障害については、見えにくいが故に「合理的配慮」がされにくいという現状が学校でも見られます。

例えば、こんな事例です。

・数字の概念が理解しにくい。
・曖昧な表現が理解しづらく、人の感情を読み取ることが苦手。
・耳で聞いたことは記憶できるが、文字がどうしても読めない。
・衝動性がとても高く、落ち着いて授業を受けることができない。
・聴覚が過敏で先生の声に集中できない、など。

一口に「発達障害」といっても、特徴はこのように様々です。そして、こうした障害が生きづらさとなって現れます。できないことの原因を見定めないで、ただ注意し叱咤激励するのでは成長しません。車いすが必要な人に自分の足で階段の上り方を励まし教えても上れるようにならないのと同様です。

何が原因でできないのかを知ることで、次にどのように工夫すればよいのかがわかってきます。車いすの人が階段の上に行くにはエレベーターがあればよいのか、エレベーターがなければスロープで大丈夫なのか、遠回りすればエレベーターがあるのか、人が抱えればよいのか…ということです。

学校生活についても同じで、工夫することで学習が進む場合もあります。そして何よりも、自己肯定感を育むことができるのではないでしょうか。「自分は自分でよいのだ」と思える学生時代を過ごすか、問題視され続け、学校は傷つく場所になってしまうかは、周囲が「障害を知る」ことで大きく変わってくるのだと思います。

そのためにも「発達障害」だけではなく、子ども一人ひとりの「障害」を過剰に保護することなく、できない理由を見極め、適切な「配慮」をしなければなりません。それは学校だけで考えるのは大変なことです。ですから福祉や医療など他機関と連携し、ともに試行錯誤していけばよいのではないかと考えています。

現在、私の地域では、一歳半検診から保健師が従来の検診に加え、発達障害や知的障害をチェックし、適切な療育に早期から取り組めるように力を注いでくれています。

保護者へのアプローチや寄り添い支援のほか、保育所や幼稚園の巡回を通じて、障害理解の手立てや工夫のアドバイスなどの情報提供をしています。

このように「二次障害」を生み出さないための有効な動きが、公的機関や地域社会で広がることが大事です。

二次的な障害を生み出さないためにも、私たち福祉に携わる者は、本人に寄り添い、何が適切な支援であるのかを考えていくことが必要です。「二次障害」は環境要因であり、防止することができるものと考えています。

第2章　相談支援で大切にしたいこと

この章では、ボランティアでも慈善活動でもなく、「仕事」としての「相談支援」とはどのような役割であるのかを考えてみたいと思います。

1　その人の生き方に寄り添う支援

（1）信頼関係の構築と援助技術に基づいた技法

先入観をもたずに相談支援を行うには

1章で述べてきたように、障害福祉の対象者は赤ちゃんから高齢者まで幅広く、課題も様々です。また、同じ障害があっても、個人の生活環境や生育環境、障害の受け止め方、個性、過去の生活歴など様々なものが加わって現在があるため、問題はさらに多種多様化します。ですから、新しく出会う方には、障害種別や年齢で先入観をもたずに相談支援を行うことが大切です。ところが、このことは経験を重ねてくるとかえってできなくなってくるのです。

では、どのようにすればよいのか。それは「バイステックの七原則」が基本になると思います。

これは、福祉系の大学や専門学校では必ずといっていいほど学んでいる原則で、対人援助において、どの職種でも活用できる援助技術の基本であると思います。

ここで「バイステックの七原則」を思い出してみましょう。

1. 個別化の原則（対象者が抱える問題は似ているようで違うので、個別対応をする）
2. 意図的な感情表出の原則（対象者が出す感情表現を認め、表出しやすい場をつくる）
3. 統制された情緒関与の原則（支援者は対象者の感情に流されず、自律した情緒をもつ）
4. 受容の原則（まずは相手の考え方を否定せず受け入れる。そして原因を模索する）
5. 非審判的態度の原則（支援者の考えで審判的な対応をとらない）
6. 自己決定の原則（問題解決に向けての行動を決めるのは対象者である）
7. 秘密保持の原則（対象者の秘密や問題、いわゆる個人情報を守る）

あなたが相談するならどんな支援者に相談したいかと考えるなら、この七原則がとても大切であることがおわかりいただけると思います。

ここでは簡単に書きましたが、それぞれ奥が深く、しっかりと学ぶべきことと思いますので、改めて確認されたい方は、詳しく書かれている書籍を参考にしてください。

（2）インテークにおける五感と敬意

よくぞ相談に来てくれました

相談支援の流れは以下のとおりです。

1. インテーク（受理面接）
2. アセスメント（事前評価）
3. プランニング（計画）
4. インターベーション（介入）
5. モニタリング（経過観察）
6. ターミネーション（終結）

どの過程も大切ですが、私の経験上、信頼関係を構築するという点においては、最初のインテークでの第一印象が大きく影響すると思っています。

私は、相談支援で、初めて来られた方の相談の際に気を付けていることがあります。それは「よくぞここまで来てくれました」という思いで接することです。初対面の私に自分のつらいことを話そうとしている姿に、エールをおくる気持ちをもって迎えるのです。そして「この人は、どんな話し方や接し方をすると話しやすいのか」を瞬時に感じ取ることに集中します。これは、私の相談支援専門員としての命を救ってくれた恩師から教えられたことです。

私は恩師から、こう言われました。

「相談者は楽しい話をしに来るわけではない。ここに来てくれたことに敬意を払うべきである」

相手が理解できる話し方で

また、こうも言われました。

「支援者は近所のおばちゃんやおじちゃんではなく、福祉のプロである。支援者は相手によって話し方や聴き方を変えることができる俳優であること」

相談支援を始めた頃の私は、面談をする時に緊張してしまい、自分が何を聞けばよいのかにとらわれていたので、恩師のこの言葉に目が覚める思いでした。

例えば、同じ制度の説明をするにしても、画一的な説明だけでは相手に伝わりません。また、すべての方が一から十までを全部聞きたいともかぎりません。その方には「何を、どのように伝えるのか」を個別に配慮しなければ、相手に必要なことが伝わらないのです。伝わらなければ説明したことになりません。

相談に来られた方から、「相談窓口に行ってもパンフレットを渡されただけでわからなかった」「早口でいっぺんに説明されてよくわからなかった」などの声をよく聞きます。

私も携帯電話の契約などに行くと、聞きなれない用語を早口で説明され、何がなんだかわからなくなることがあります。しかし、携帯電話の店員はためらいなく説明をつづけます。彼らが口にする言葉は毎日使う言葉で、しかもその言葉の意味が当たり前に理解されているからです。

こうした場面に接すると、自分がわかっていることを、まったく知らない人に理解できるように説明するというのは、意外と難しいことだと感じます。

語ること以外にも注意を払う

あなたは自分のことを、初めて出会った人にどれだけ語ることができるでしょうか。

私は、初めてご自宅に訪問する時には、五感を働かせて、その方のおかれている環境を「知る」ことに努めています。例えば、こんなことを感じようとします。

・どんな音がしている自宅で、どんな臭いがするのか。
・床や座布団や椅子の座り心地はどうか。片付けられているのか。
・部屋はどんな好みで飾られているのか。
・食べ物はどんなものが好きなのか。

こうしたことに注意を払うことで、その方の生活歴が見えてくることもあるのです。例えば、相談に来た際には「生活に困っているから働きたい」と言っていたとします。一見すると、それが主訴であるように思えますが、自宅を訪問してみると、ブランド物の服やカバンが積み上げられていたり、未開封の箱や袋の商品があったりします。こうした状況を目にしたら、働くことよりも、金銭管理のほうが優先順位が高い課題になるかもしれません。

軽度の知的障害があり、単身で福祉的就労をしている方は、「困っていることは何もない」と話してくれました。ところが自宅に伺うと、生ゴミ以外のゴミが床一面に広がっていて、ゴミがないのは布団の上だけ、という状態でした。

なぜそうなったのかというと、ゴミの分別のしかたやゴミの捨て場所の違いがわからなかったのです。しかし、その方は、育った環境が現在の自宅と様子が同じであったため、「困っていない」という表現をしたのです。

自宅を訪問して、その方の趣味や学生時代の思い出をうかがうことができることもあります。

旅行が好きで各地で撮った写真がある家、好きな歌手のポスターや漫画の本がぎっしり並んでいる家など、趣味をとおしてその方のことを「知る」ことができます。

その他、必要最小限の物しかない家、十数年もの時間が止まってしまったような家、生活感がない家、寒すぎる家、暑すぎる家と様々ですが、いずれにしても、その人を「知る」素材が訪問時にはたくさんある、ということです。そこを支援者が意識して訪問するか、意識しないまま訪問するかで、その人との「距離」が違ってきます。

本当にその人に「寄り添う」支援を展開していくには、まずは「話しやすい人」「この人なら話してもいい」と信頼できる関係を作ることです。

と言っても、初めから自信満々な支援者はいないものです。私も、相談支援をはじめたころは、制度の知識も浅く「何を聞かれるだろう」と不安な思いで訪問していました。しかし、「支援者がおどおどしていたら相談する気になれない」と思い、わからないことを聞かれたら「調べてまたお返事します」と元気よく返答し、事務所に帰って慌てて調べていました。わからないことをわからないままにしない。その積み重ねが自分の知識になっていきました。また、こうして誠意をもって接する態度が、信頼につながっていくのだと教えられました。

相談支援の仕事をしていると、毎日のように新しい出会いがあります。そのたびに、相談支援を通して人の人生にかかわることの重さを感じます。そして、その人がその人らしく生きていける力を出せる支援に努め、信頼される相談員であり続けたいと思っています。

2 福祉の「プロ」として「真のニーズ」を見極める

(1) 入所施設を選ばない生き方

奪われる「自己選択」「自己決定」の機会

障害者自立支援法により、福祉現場は「措置制度」から「契約」へと大きく舵を切りました。その結果、よく耳にするようになったのが「自己選択」「自己決定」という言葉です。要するに、障害者の意思を尊重し、障害者自らが「選択」し、「決定」する、ということです。

障害のあるなしにかかわらず、本人の意思が尊重されることは大切です。しかし、「自己選択」「自己決定」が尊重されるということは、その一方で「自己責任」が求められることでもあるのです。ところが、支援者や家族はこう思いがちです。

「障害者にはこの『自己責任』がとれないだろう」と。

こうした発想は支援者や家族の善意によるものですが、これによって、しばしば障害者の「自己選択」「自己決定」の機会が奪われてしまいます。

とはいえ、すべて「自己選択」「自己決定」に任せておけばよい、というものでもありません。その理由は、相談者の真のニーズを把握しないまま「自己決定」「自己責任」に任せてしまうと、専門性のあるプロとしての支援から遠ざかってしまうことがあるからです。

そんな事例を紹介します。

私がＩさんに出会ったのは五年前のことでした。

Ｉさんは五五歳の独身女性で、七〇代後半のご両親と三人暮らしをしています。Ｉさんには身体障害者一種一級両上下肢の麻痺がありました。移動には常に車いすが必要で、ＡＤＬはほぼ介助が必要です。初回相談の内容は「両親が高齢になり、私の介護が困難になってきたので、これからの暮らしを考えたい」というものでした。

ご両親は、Ｉさんのこの先の生活の場は入所施設しかないと思い、施設見学を希望しました。しかし、Ｉさんの希望は「入所施設は行きたくない」でした。相談支援をしているとよく遭遇する場面といえます。

しかし、ここで「よくあるパターン」だと思い込まないことが大切です。なぜならば、意思表示をするということは、それなりの理由があるからです。それを知るカギは、ご本人の「過去」にあります。「今」は「過去」の延長線上にあります。それぞれの「過去」がそれぞれの「今」を生み出しているのです。

そこで私は、Iさんからご家族の歴史を聴き、ご本人の今までの人生を聴き取っていきました。このご家族は、Iさんの学齢期に、母親が毎日Iさんを送迎していました。当時は、卒業後の進路も社会的に準備されていない時代でした。そこでご両親は、Iさんが卒業後に通える場として作業所を作り、運営してきました。

作業所とは、無認可で、どこからも補助金などの運営資金がない状態で数人の親が集まり、企業から下請け作業を引き受け、障害者に作業を提供していた場所のことです。現在の制度では「就労継続支援B型」や「生活介護」にあたります。

Iさんが学校を卒業してからも、母親が作業所への送迎を行い、父親の退職後は父親が送迎するようになりました。父親は、定年後の時間をすべてIさんの支援にあてたといいます。こうしてご両親が親亡き後のIさんの将来を不安視する中で、養護学校卒業後、三七年間という時間が経過してきた、これがIさんの家族でした。その間、Iさん本人には、すべて親を通した情報しか入りませんでした。

Iさんは両親の前ではほとんど話をしません。何を聞いても「これでいいです」としか言わない方でした。そんなIさんが、「入所施設は行きたくない」とだけははっきりと言ったのです。

しかし、両親から「しかたないでしょう。自分一人では何もできないんだから」と言われてしまうと、黙らざるを得ませんでした。

初回相談から五年が経過し、母親が亡くなり、次いで父親も亡くなりました。その間、私はIさんに、ヘルパーを利用して一人暮らしをする方法や、グループホームなど、生活の場の選択肢の情報提供をしてきました。その後、入所施設の見学を行う中で、Iさんが入所施設に行きたくない理由が見えてきました。それは、ある入所施設に行った時のことでした。そこでIさんは、その入所施設に入所していた養護学校の同級生を見かけたのですが、そこにはおむつをされ、トイレにも自由に行けない同級生の姿がありました。Iさんには、このことが衝撃だったのです。

六〇歳を迎え、独りになったIさんは、現在は高齢者専用賃貸住宅の一部屋を借りて、居宅介護と生活介護と移動支援を利用して暮らしています。

それは真のニーズなのか

ここまでの話で、こう思う方もいると思います。「ここまですれば、本人の『入所施設には行きたくない』というニーズに沿った支援をできた」と。

確かに、表面的にはIさんの希望は叶えられたかもしれません。しかし、彼女は自分の希望どおりになったものの、いつも受け身で文句も言わず、口癖のように「すみません」と周囲の人に言って暮らしていました。これで、はたしてＩさんの希望は本当に叶えられたと言えるでしょうか？

私には「本当にこれでよかったのか。これが本人らしい暮らしと言えるのか」。そんな胸につかえるような違和感が残りました。そして、こんな思いに襲われました。「私が適切と思われる暮らしをＡさんに押し付けたのではないか」と。「今の結果はＩさん本人が決めたことだから」と逃げていないかと。

Ｉさんは、自分の希望が叶っても、なぜ受け身のままでいたのでしょうか？　実は、その答えは彼女の「過去」にありました。

私がＩさんに自己選択するための情報をいくら持って行っても、これまで彼女には自己選択、自己決定をする機会がなかったのです。Ｉさんは両親に守られてきましたが、一方では両親に「自己決定」の機会を奪われていたのです。だから、これまで経験したことがない「自己決定」を急に求められても自信がもてず、自分で決めることができなかったのです。

何が「真のニーズ」であるのか、専門家として何を支援すべきか。この時、私はエンパワメント支援（本来その個人がもっている力を高める支援）の重要性をＩさんに教えられました。

そこから私は、Ｉさんが「自己決定」するために、関係機関と支援方針を共有しました。そして、経験を積み重ねて自信を回復することを柱に支援していきました。一つひとつ小さなことから自分で決める機会を提供し、返事を待ち続けました。

すると、ご本人から「それまで諦めていた油絵やリハビリなどがしてみたい」と相談がありました。これを受け、学生時代に興味があった油絵を始める支援に着手しました。

具体的には、近隣の油絵教室や油絵を行っている生活介護や就労B型（現在の福祉施策の通所支援先）を探しました。見学に行き、本人が「行きたい」と思えた生活介護は、電車に乗り、一時間かかる場所でした。私の地域では移動支援を日中活動の通所先送迎に使うのは認められていないので行政と話し合い、移動支援を期間限定で利用し、一人で通所できるように、ヘルパー事業所と課題と改善方法を検討しました。

これまで親としか外出したことがなく、自分一人で電車に乗れるとは思ってもいなかったIさんでしたが、今では実現しています。一人でできることが増えると、また新しい夢が生まれます。こうしてIさんは、お目にかかるたびに生き生きされていきました。「嫌なことは嫌」と言え、「やりたいことには挑戦できる」。そこにはそんな自分の暮らしがあります。

「山下さん、今楽しいわ」と言うIさんの笑顔を見て、私の胸のつかえがとれました。こうして、Iさんの真のニーズをやっと聴き出せたように思います。

後日、Iさんはこう語ってくれました。

「介護を受けないと自分は生きていけない。介護してくれる人に感謝して生きていく。だからわがままは言ってはいけないと思ってきた。でも、自分で決めていいんですね」

今度は、Iさんのこの言葉に、私がエンパワメントされたのです。

「真のニーズ」は障害者本人から直接語られないことがあります。また本人が気づいていない場合もあります。だから支援者は、表面的な言葉だけを見ず「その人が何を求めているのか」という姿勢で本人や周囲の人から聴き取ることです。そうすることで、初めて「その人だけの支援計画」ができるのです。

そうでなければ、隣人や友人として話を聞いているのと違いがありません。私たちは仕事として「相談業務」に取り組んでいるのです。ハード面の支援をパッチワークのようにつなげるのはケースワークではありません。ところが、残念ながら、近年「パッチワーク支援」を見かけ、懸念しています。この点については第3章の3「計画相談支援の意味」（162ページ～）で述べることにします。

3 自己決定とセーフティーネット

（1）同じ就職活動を繰り返す人

セーフティーネットを準備して「待つ」

自分のことを自分で決める「自己決定」はとても大切なことで、尊重されるべきことです。しかし、ここで考えたいことがあります。

それは「自己決定とセーフティーネット」についてです。

私が出会った精神障害者の方で、同じ職種に何回も就職しては退職を繰り返し、その都度体調を崩す方がいました。そんな方を見ると、支援者としては就職を引き止めたくなります。そういう場合、支援者はそれまでとは違う職種の情報を提供しますが、本人が拒んで、また同じ職種を選択します。支援者がいくら説得しても、本人が納得しないと事態は改善しません。

支援者は本人の話を聞きますが、その人の人生に土足で立ち入り、本人に成り代わり、その人の人生を決めていってはいけないのです。支援者にその権利はありませんし、責任もとれません。だからと言って放置しておくわけにもいきません。そんなことをしたら、「自己決定」という名の支援放棄となってしまうからです。

そうした事態を回避するのがセーフティーネットです。

就職を繰り返すたびに症状が悪化する人には、どのような支援ができるのか。

それは「待つ」という支援と、「医療」というセーフティーネットを準備することです。帰る場所を作り「待つ」。

見放していないメッセージを伝え、本人が納得した時に本人の思いに寄り添える体制を準備して支援のタイミングを「待つ」のです。最悪な方向に行かないように、就職中も「医療」とのつながりだけは約束し、場合によっては医療と連携を図り、見守ります。そうして本人が新たな人生の選択をし始めたときに、新しい支援の展開が見えてくるのです。

このセーフティーネットなくして本人を見送るのは、支援者として無責任だと思います。「待つ」支援は意外と難しいのです。なぜなら、支援者の多くはおせっかいな人が多いからです。おせっかいと支援は違います。たとえおせっかいに善意があったとしても、結局は余計な世話をやくことであるのに対し、「支援」は仕事としての相談支援です。「プロ」でなくてはならないのです。

「自殺します」という相談に「それも自己決定」と促す人はいないでしょう。この場合のセーフティーネットとは、本人の「話を聴いてほしい」というニーズを見極めて、「傾聴」に徹することです。

「自殺を考えるほどつらいことがあったんですね」と言って「傾聴」に徹します。それでも危険を感じた時は警察や救急に連絡をとり、駆けつける体制があれば駆けつけます。

ある精神科クリニックでこんな話を聴いたことがあります。「自殺を止めたい」と夜間も相談できる電話を自宅に開設したそうです。すると、夜間の電話は止まることなく何時でもかかってきます。これにクリニックの先生やそのご家族が耐えかねて、FAX相談に切り替えました。するとほとんどFAXは入らなかったそうです。これは何を意味しているか。「人の声を聞きたい」「死んでしまいたいくらい寂しい」ということではないかと私は思います。

相談者の自己決定がいつもリスクがないわけではありません。支援者は、そのリスクを知りながらも相談者の自己決定を見守る陰に、セーフティーネットを準備することが必要なのです。

（2）「自分らしさ」を支援する

四〇代前半Jさんの事例

セーフティーネットを準備することと同様に、自己決定を支えることも大切な仕事です。しかしそれには、支援者も相当の覚悟を必要とする場合があります。それは「命」にかかわる時です。例えば、こんな場合です。

・ALS（筋委縮性側索硬化症）の方が肺の筋肉が動きにくくなった時に、気管を切開して人工呼吸器をつけるかつけないかの選択をする時。

・がんの方が最後まで在宅を希望した場合。

こうした事例では、障害福祉サービスと介護保険サービスと医療が連携して支援を行う場合があります。その人の人生の終わり方もその人の生き方であり、その方の自己決定を尊重した支援が行われなくてはいけません。「死」はいずれ誰にでもやってくるものですが、それが「いつ」なのかわからないから「明日がある」と思えるのだと思います。その「死」が目の前に迫ってきていることがわかってしまった人がその恐怖と闘うことが、どれだけエネルギーのいることか、想像するだけで苦しくなります。

それが現実に起こっている方に、支援者は何ができるのかを考えなくてはなりません。

本人のニーズが、残された時間を「自分らしく生き抜く」となった時、どのような支援が本人のエンパワメントにつながるのかを考える一方、支援者が想定できる最悪の道を回避する手段を考えること、つまりセーフティーネットをどう構築するかも重要になってくるのです。その事例を次に述べます。

実際に私が出会った方（Ｊさん）の事例です。Ｊさんは四〇代前半で、親子二人暮らしでした。同居している母親は六〇歳代前半で、持病の椎間板ヘルニアがあるものの、お二人ともに仕事をフルタイムでしておられました。父親とは二五年前に死別しており、それ以後は親子二人でまるで姉妹のように暮らしてこられました。楽しみは年に数回、親子で海外旅行をすることでした。

ある日Ｊさんの身体に異変が起こります。右眼が痛むのです。激しく痛み、仕事も休むほどでしたが、Ｊさんは病院には行きませんでした。その頃から、腰にも腫れと痛みがあり、それまではできた歩行もつらくなり、仕事も退職しました。

その頃、心配したJさんの叔父は、自分を担当しているケアマネジャーに依頼し、Ｊさんに受診を勧めてもらいます。しかし、Jさんは一度だけ総合病院の眼科を受診されたようですが、その結果をしっかりとケアマネジャーには教えず、通院を頑として受け入れませんでした。そのため、ケアマネジャーがJさんを心配して、障害者手帳があるからと、私のいる相談支援事業所を紹介してくれたのです。

ケアマネジャーからは「命の危険を感じている。自分の立場ではこれ以上本人のことには立ち入れないから、障害のほうで受診を説得してほしい」と引継ぎがありました。私はJさんを「説得はできない」と伝えましたが、ケアマネジャーも本当にJさんのことを心配しており、Jさんには障害の相談支援と面談することも了解を得ているというのです。私と会っても医療を勧められるかもしれないのに、どうして私と会うことを了承したのか、「何か困っているのではないか」という視点で自宅を訪問することにしました。

受診したくない理由

初めてJさんと会った時には、右目は腫れあがり、腰や太ももにも見るからに腫れている症状がありました。「痛そうなのにどうして病院に行きたくないのだろう」という疑問がすぐに湧きました。また、ケアマネジャーが自身の担当でもないのに必死になる気持ちも理解できたように思いました。

なぜ受診しないのか、自身の身体の変化をどう考えているのか、Jさんとお母さんも同席で三時間近く話を伺いました。そしてわかったことが三つありました。

・西洋医療には被害感が強くあり、受けたくない。入院も手術も受けたくない。
・民間療法で信じているものがあり、治すためにこれからも続けたい。
・自分の病気はがんである可能性が高い。進行していると感じている。

Jさんは生きる気力を失って自己の健康や安全を損ない、医療を拒否している「セルフネグレクト」の状態ではありませんでした。「病気を治したい」と考えていたのです。しかし、その方法は医療保険の適用を受けている「医療」ではなく、自分の信じた「民間療法」で治したいと思っていたのです。そして、一度だけ受診した眼科で、がんの可能性が極めて高いと診断されて検査を勧められていましたが、それも拒否していました。

どうして「医療」を拒否するのかについても理由がありました。Jさんが一〇代の頃、原因不明の発熱が続き、とある大学の附属病院に入院し、検査を受けたのです。脳性麻痺があるということで、あれやこれやと検査をされ、自分が実験台にされているように感じたと言います。その間に父を亡くしますが、父親も、西洋医療に不信感を抱きながら病院で亡くなったのです。こうした過去が、医療に対する不信感を募らせる原因となっていました。その後出会った民間療法で自己免疫力を高めたから、障害があっても今まで元気に働いてこられたと確信している、と言います。こうした経験も、Ｊさんが西洋医療を拒否する理由になっていました。

支援者の立場では、西洋医療がよくて民間療法がだめだ、とは言えません。また、病院で実験台にされたのかどうかも問題ではありません。Ｊさんが「そう感じていたこと」が大切なのです。

希望を叶えるための支援計画

Ｊさんが信じている民間療法を受けるには、電車で一時間かかる場所まで通わなくてはなりません。これまでは母に車いすを押してもらい、通ってきたのですが、母には腰痛の持病がありました。また、Ｊさんの母が仕事を休んでばかりだと生活にも支障をきたします。そこで、誰か介助をしてくれる人を探したい、というのです。

Ｊさんは自身ががんであり、命にかかわることは理解していました。しかし、どうしても手術をして切り刻まれるのは嫌で、身体にメスを入れずに、病気とともに生きていきたいと言います。母も娘のその覚悟を承知していました。母は「この子は今までどんなことにも負けないで頑張って生きてきた。だから頑固なところはしかたがない。この子の言うとおりにしてやりたい」と腹をくくった表情できっぱりと話してくれました。

最終的に、Ｊさんのこれからの暮らしの希望はこうまとまりました。

「自分の信じている民間療法の治療を続け、元気になりたい。それで治らなかったとしても手術はしたくない。自宅でお母さんとゆっくりと暮らしたい。少しでも親孝行ができればうれしい」

その暮らしの希望を叶えるために支援計画は立てられたのですが、公的な福祉サービスだけでは賄いきれないこともありました。しかし、そこはボランティアやガイドヘルパーとの自費契約などで、民間療法の受診を継続していくことができました。

こうして、Jさんの希望を叶えることができました。

セーフティーネットとしての医療支援

しかし、Jさんの症状は治まらず、痛みは日々増していきました。私も他の支援者も「本当にこれでいいのか。今なら手術をすれば命は助かるのではないか」と葛藤を繰り返しました。痛みが増していくJさんを見ているうちに、「いつか痛みに耐えかねる時が来るのではないか。自宅での障害福祉サービスだけでは不足する事態が来るのではないか。訪問看護や往診が必要になった時や看取りの支援を検討するには、介護保険が必要になるのではないか。それには『末期がん』の診断がどうしても必要となる。痛みに耐えるJさんをお母さんがどこまで自宅で介護できるのか」など、支援者間で何度も話し合いを行いました。

プロとして一歩先を見通した時に、本人や家族が選んだ道が危険だと感じたら、最後の砦として「セーフティーネット」をいかに作るかが重要になってきます。

私たち支援者で出した「セーフティーネット」は、本人の意向を伝えたうえでの医療連携を図ることでした。具体的には、次のようになりました。

1. 痛みに耐えかねた時に、一度受診している総合病院に搬送できる体制を作る。
2. 母との暮らしを楽しむために、痛みを止めることだけを受け入れる医療先を探す。
3. 末期のがんと診断されたら介護保険を申請し、往診と訪問看護を導入する。
4. ホスピスの利用を検討する。

日ごろから連携のあった総合病院の地域連携室の方と相談し、救急搬送する時には受け入れていただき、痛みを抑える治療のみをしていただくことで合意が取れました。

そしてその日がやってきました。Jさんは救急外来で痛み止めの処置を受け、ほっとしていました。それからは自宅で過ごすためにも、痛みの緩和治療を受け入れてくれました。診断は末期がんで余命宣告も受けました。それから介護保険が導入され、ずっと支援ネットワークに参加してくれていた叔父のケアマネジャーが担当して、とても迅速な対応を取ってくれました。母の介護負担を考え、ホスピスを利用しながら、母が見守る中で最期を迎えることができました。

私はJさんが最期を迎える二日前にお会いしました。その時に「ありがとう」とゆっくりと声をかけてくださいました。Ｊさんの生きるための支援を通して、私は多くのことを学びました。一見すると「死に方」の支援のように思えますが、Ｊさんの強い信念に敬意を払い、「自分らしく生きぬく」ための支援だったと思っています。Ｊさんの意向に寄り添うなかで、プロの支援者として、最悪の事態を回避するための手立てをもって接する覚悟ができました。また、他機関の支援者との連携を図らなければ、今回のセーフティーネットを作ることができなかったと思っています。

本人の自己決定をプロの支援者として支援するということは、失敗させない道を作り、誘導することではありません。本人の意向に寄り添いながら、危険を感じる状況になった時の手立てをいかに準備しておくか、ということです。その姿勢が、プロしての支援者には必要なのです。そしてそれは決して一人ではできないことです。

4 権利擁護

(1) 法律を活用するのは人である

不当な扱いを受ける障害者を見続けてきた

二〇〇〇年一一月に「児童虐待防止等に関する法律」(児童虐待防止法)が施行され、続いて二〇〇六年四月に「高齢者虐待の防止、高齢者の養護者に対する支援等に関する法律」(高齢者虐待防止法)が施行されました。そしてようやく二〇一二年一〇月に「障害者虐待の防止、障害者の養護者に対する支援等に関する法律」(障害者虐待防止法)が施行されました。

同法の施行により、各自治体に「障害者虐待防止」のための通報場所が設置されました。また、国民には、虐待を発見したら、市町村や都道府県に通報する義務が設けられています。もちろん相談支援を行う私たちにもその義務は課せられています。同法が児童虐待防止法や高齢者虐待防止法と違う点は、会社の使用者に対しても適用が及ぶという点です。その背景には、過去に会社の使用者が不当な賃金で障害者を雇用し続けたことや、性的な暴力、言葉や身体的な暴力を強いてきたという悲しい歴史があります。一方、学校教育の現場と精神科病院においては、この法律は適用しないとされています。その理由は、学校と精神科病院にはそれぞれに対処する機能が備わっているからというものです。しかし、その点については賛否両論があります。

私は一九八〇年代後半から福祉の仕事に就き、親や兄弟姉妹や福祉職員から「不当な扱い」を受けている障害者と出会ってきました。福祉の仕事に就いた当初は、知識もなく、何もできない自分が悔しいとしか感じられなかったのですが、多くの障害者と出会うことで、障害者にも適用される法律が必要であると感じるようになりました。

虐待する養護者をも守る制度

障害者虐待防止法ができて、行政にもマニュアルができました。先述したように、同法では、国民は虐待を発見したら市町村や都道府県に通報する義務が課せられています。したがって、地域で暮らす方々の自宅に訪問する機会の多い相談支援事業所や、居宅介護支援事業所（ヘルパー事業所）にももちろん通報の義務があります。ところが、虐待であるという明らかな証拠をつかまなければ通報できないと感じている人や、通報することに、まるで密告でもするかのような罪悪感を抱き、通報できない人もいます（このことは、当事者も家族も同様です）。入所施設においても、なかなか通報できないことがあります。その理由は、職員同士が疑問をもっていても、通報したことが発覚して、自分の立場が危うくなることを恐れるからです。

通報する義務はありますが、虐待であるか否かの判断は、通報時には問いません。虐待通報を受けた行政機関や虐待防止センターは情報を集め、必要と思われる人を集めて「コア会議」を開きます。そして、虐待であるか否かや緊急性を考慮し、今後の方針を検討します。ですから「これは虐待なのでは？」と感じることがあったら、自己判断せず、虐待防止センターや行政に相談してほしいのです。障害者虐待防止法は、虐待を受けている人を保護するだけでなく、虐待をしてしまっている養護者の方も支援する法律です。したがって、養護者を罰する法律ではないのです。そして、暴力があり、障害者が負傷しているような場合は「虐待」ではなく「傷害」として扱い、警察の対応となります。その判断も通報者には課せられていません。

また、養護者を支援するための法律でもあることから、虐待を受けている障害者の立場に立って支援する人だけではなく、養護者の立場に立って支援する人も必要です。

そのような役割も、本来は支援方針を立てる段階で話し合われておく必要があります。

行政機関も、虐待を専門に対応している人や、経験が豊かな人ばかりが担当するわけではないため、担当となれば責任を感じ、不安も感じることでしょう。だからこそ地域の関係機関（弁護士や医療関係者、相談支援やヘルパー事業所、通所施設、民生委員、ケアマネジャーや社会福祉協議会など）と連携を図り、より適切な判断がなされるよう対応する必要があるのだと感じています。

通報する側も受ける側も、何のためにこの法律ができたのかを考える必要があります。障害があるが故に不当に人権を侵害されている方の人権が回復されることや、家族だけで問題を抱え込んでしまい、出口が見えずに毎日苦しんでいる養護者に、適切な支援の手立てを届けるための法律なのです。それを実現するためには、まずは虐待の可能性を感じた一人ひとりが通報することです。そして、通報を受けた人が、虐待を受けている可能性のある人や、支援を求めている養護者がいるということを念頭に、迅速に動くことが必要なのです。法律だけでは障害者の人権を守ることはできません。

地域や関係者の眼が「虐待」という形で表れてしまった「ＳＯＳ」をキャッチすることが、この法律を活かす第一歩なのです。

（2）アドボカシー（代弁者）としての機能と専門機関との連携

子どもに生活保護費をとられ、食費にも事欠く

私たち社会福祉に携わる者には、社会的弱者と言われる方の代弁者の役割があります。社会的弱者がもてる力を発揮して、その人らしく生きるために必要なことを支援する、ということです。子どもに生活保護費をとられ、食費がなくても耐え続ける身体障害者Ｋさんと出会って教えられたことをお話しします。

ちょうど障害者虐待防止法が成立した頃のことです。生活保護課のケースワーカーを通して、「一人暮らしをしているＫさんが、病気で身体障害者手帳を取得して退院してきたので、福祉サービスにつなげたい」と連絡を受けました。

Ｋさんの自宅は２Ｋの市営住宅でしたが、何も物がない家で、「生活感がない」という表現がぴったりでした。男性の一人暮らしとはいえ、長年住んでいる家とは思えませんでした。私は初回訪問時に、こんな思いに駆られました。

「Kさんはこの殺風景な寒々しい家で一日何を思い、何をして過ごしているのだろう。今までどんな人生だったのだろう」と。

Kさんと話を重ね、毎日の昼食は宅配弁当を注文し、ホームヘルパーを週二日利用して、買い物と調理をしてもらうこととなりました。ところが、サービス開始後すぐに、ホームヘルプ事業所の責任者から私に連絡がありました。「Kさんの買い物をしようと希望を聞いても、いつもポテトサラダと言うのです。買い物してくるためのお金がないみたいで、二〇〇円渡されて食材を買いに行っています」と言います。そんなことが続き、Kさんの自宅を訪問することにしました。

虐待ではないという行政の判断

生活保護費がうまく使えていなくて食費に充てるお金が苦しいのでは、と予測して話を伺いましたが、一日の宅配弁当で食事は足りているので、少しのおかずがあればよいのだと言います（Kさんの食生活は一日一食でした）。だから、ヘルパーには掃除だけしてもらいたいとのことでした。その後、Kさんの生活保護担当に連絡し、食事の状況を報告しました。そして、金銭的な問題がないか情報を共有したいと申し出ました。

初めのうちは、お金の使い道で困っていることがあるのかどうかまでは話してもらえませんでしたが、何度か訪問し、ヘルパー事業所からの情報を重ねていくうちにわかったことが二つありました。一つは、娘と息子がおり、娘がどうも借金をし、その肩代わりをKさんがしている節があるということです。もう一つは、Kさんは自分の名前以外は字が書けないということです。そのため、軽度の知的障害があるのではないかという見方も出てきました。

娘は、生活保護費が入る日だけ朝早くから来て、Kさんと銀行に出かけます。そして保護費を下ろすと、一か月分の昼食弁当代とお米五キロと数千円だけ置いて、あとはすべて娘が持って帰ることがわかりました。これは経済的虐待にあたるのではないかということで、行政機関に話をしました。しかし、行政がKさんに会って話を聴いてみると、Kさん自らが娘にお金を預けているというのです。「Kさんが望んで生活費を渡しているので虐待ではない」というのが行政の見解でした。また、食費は最低限置いているので、家族が金銭管理をしていると言われてしまえば何も打つ手はないというのです。

本人が本当に今の暮らしを望んでいるのか、この方法しか生きる術がないと思って現状を受け入れているのか、それを第三者が判断するのは非常に難しいことです。しかし、現状を「虐待」としてとらえるか、とらえないかということだけが問題なのではなく、今のKさんの暮らしが栄養面からも精神面からも望ましい環境ではないことが問題なのです。それを関係機関が共有し、改善を図ることが大切です。支援者が「虐待ではない」と断定して終結してしまえば、Kさんの暮らしは変わりません。だから、Kさんの代弁をする人が必要なのです。

その声を挙げるには、Kさんが何故娘にお金を渡して一日一食でよしとしているのかを知る必要があります。また、娘はどんな気持ちで毎月お金をもっていくのか、それを知るために、過去の親子関係も知る必要があります。

家族間連鎖を見逃さない

その後、Kさんを何度も尋ね、話を聴かせてもらいました。ヘルパー事業所もサービスの傍らいろいろな情報を集めてくれました。Kさんは小学生の頃から勉強が苦手で、中学もほとんど行かず、中学卒業後は住み込みで溶接の仕事をしました。しかし、仕事が覚えられず、やくざまがいのことをするなどして生活をしてきたのです。やがて結婚し、子供が二人できましたが、三年で妻が家出をします。Kさんは祖母に子どもを預けて日雇いの仕事をしますが、安定した収入にならず、地方を転々とした暮らしが続きました。そして、子どもが中学を卒業し、就職した頃には借金が膨らみ、子どもの働き先からも子どもの稼ぎを前借りして借金の返済にあててきたといいます。だから今、娘にお金を渡すことで少しでも父親らしいことがしてやりたいというのです。

娘は父に苦しめられた過去を恨み、後に「当然だ」と悲しい眼をして私に言いました。

Kさんは適切な療育を受けることもなく、社会に出て苦労を重ねてきました。そして娘もまた、Kさんと同じ人生を繰り返そうとしています。こうして家族間連鎖で課題が受け継がれていくことは、福祉専門職として見逃すわけにはいきません。

娘は罪悪感があるので、私に敵対心をむき出しにして話してきましたが、娘もまた、支援を必要とする人であると感じていたので、私も娘の気持ちを受け入れようと話を聴き、その後にKさんの体調が悪いことを伝えました。

そして、Kさんは入院が必要となり、医師と連携し、このままではKさんは一人暮らしをするのが困難な状況であることを息子と娘に伝えました。子ども達はKさんを引き取ることもできない状況でした。そして「こんなに親父の身体が悪いとは知らなかった」と言い、涙しました。

その涙に、父と子の絆を感じました。

その後、Kさんは施設で暮らすこととなり、施設が金銭管理をすることになりました。娘にも生活保護を勧めましたが、どうしても生活保護は受けたくないと言い、働くこととなりました。

Kさんは一日一食の生活を望んでいたわけではありません。過去の自分を後悔していたのです。娘や息子に謝罪していたのです。子もまた、父を恨みながらも、父として大切に思っていたのです。

社会的弱者の代弁者として

人権擁護は福祉専門職にはとても大切な概念です。社会的弱者と言われる人々は、人権が容易に侵されることがあるにもかかわらず、自分の権利を言葉にして伝えにくいのです。その代弁者としての役割が、私たち福祉専門職にはあります。それは時として勇気のいる行動でもあります。その勇気の源は「その人らしく生きてほしいと願う気持ち」です。この気持ちこそが代弁する勇気を生み出します。そして、その力がまた次に出会う人の支援に役立っていくのです。

それは一人では決してなしえないことです。Kさんの場合、ヘルパー事業所や病院関係者、行政と連携をとったからこそ情報が集まり、娘への対応も可能となったのです。地域連携は一足飛びには到達できません。日ごろからつながる意識をもつことが大切です。

社会福祉に携わる人間にとって代弁者の役割は大切であり、責任の重いことですが、地域でつながり連携し、集団の力となって、それぞれが置かれた立場で協力し合うことが、人一人の人生を変えていけるきっかけを生み出すことになります。福祉専門職という仕事は、そんな素敵な仕事でもあるのです。

（3）選ぶ力のエンパワメントと成年後見制度

自己選択による契約は責任を伴う

「聖域なき構造改革」と叫ばれてからしばらく、障害福祉の現場にも社会福祉法人でない福祉事業所が多く作られるようになりました。そして多くの民間企業が障害福祉に参入するようになりました。その結果、選択肢が増えることは大いに喜ばしいことですが、中には障害福祉の専門性もなく営利目的だけで運営されていると思われるような事業所が出てきているのも、悲しいことですが事実です。

障害者を安価な労働力として利用している企業や、障害者を雇い入れた場合に受けられる様々な助成金が目当てで雇用していると思われるような企業もあるのが現状です。障害者虐待では、雇用先の企業での虐待の事例も昔から問題視されてきたことも、歴史として知っておく必要があると思います。

人の弱みに付け込む商売も世間では実際にあるので、そのような情報に惑わされないように「障害理解」を深めることや、「オレオレ詐欺」防止キャンペーンを警察が行っているように、相談支援の現場が正しい情報を提供、発信していき、自分に合った事業所を「選ぶ力」をエンパワメントしていくことも、権利擁護の一つであると思います。

なぜなら、行政が適切であると思われる機関に「措置」する時代から、当事者や家族が福祉サービス事業所と「契約」するという時代になり、「自己選択」にともない「自己責任」という「責任」が個人にかかるようになったからです。

契約を解除する力、おかしいと気づき、適切な場所に相談する力、障害を正しく理解する力などが「自己責任」でサービスを契約するには必要となってくるのです。それには相談支援機能が「相談しやすい場所」としてその地域に根付いていくことが必要です。そして相談を受ける側は、「自己選択」だとして容易に責任放棄をしないことです。自己選択という権利の裏には責任も発生します。今まで選ぶ自由がなかった障害福祉サービスにおいて「選ぶ力」を高めていく支援が必要であると思います。

法律の専門家につなぐ

また、相談支援の現場では近年メディアでも目にする「貧困ビジネス」や不当就労なども実際に身近にある問題です。近隣者から携帯電話の名義貸しを知らぬ間にさせられていた人は、ヘルパー事業所が多くの請求書が自宅に届いていることに気づき、それがわかりました。生活保護で一人暮らしをしているある男性は、仕事があると誘われ、工事現場に出かけたものの、支払いがされないことが続いていました。その他にも、親切そうに声をかけてきた人にだまされて自宅の権利書で借金をさせられた人もいます。このような悪質な契約などに巻き込まれた場合は、福祉現場の法律の素人だけで介入するのではなく、相談支援から法律の専門家につなぐ必要があります。そして、被害を繰り返さないためにも、成年後見制度の利用も含め、検討していくことが必要です。

成年後見制度は、判断能力に障害がある方や、認知症のような病気により判断能力が低下した方の権利を守るために、その人の判断能力の状態に応じて、裁判所が「後見」「保佐」「補助」と三段階に分けて、財産管理や身上監護など必要な項目を取り決めるものです。後見人や保佐人、補助人となった人は、年に一回裁判所に金銭管理などの実態を報告する義務があります。

成年後見制度を利用するかどうかは、相談支援の現場で迷うこともあります。そのような時は弁護士会が行っている「高齢者・障害者権利擁護110番」の電話相談を利用することもあります。地域の「後見支援センター」にも相談をします。このような専門機関と相談支援がつながっておくことは、相談の場で「権利侵害を見逃さない、個人の権利を守る」ためにも必要です。以下にその具体例を挙げてみたいと思います。

時には警察の協力も

私が出会った五〇代後半の男性は、年を重ねてから軽度の知的障害があることがわかりました。長年両親の家業を手伝ってきましたが、両親が亡くなって家業も閉鎖し、両親が残してくれた遺産とマンションで一人暮らしをしていました。その生活は寂しいものでした。

ある日セールスに来た女性に優しくされ、セールス以外でも頻繁に会うようになりました。次第に自宅で共に暮らす時間が増えましたが、結婚はしていませんでした。二年ほどが経過し、その女性からお金に困っていると相談され、マンションの権利書を抵当に入れた借用書に、そうとは知らずサインを求められてサインしてしまったのです。両親が残してくれたお金はすべて女性に渡してしまい、借金は返されぬまま残りました。

女性はいなくなり、手持ちのお金も尽きて食費にも困り、相談支援の窓をたたいたのです。初回相談で、借金取りが毎日家に来てはおびえる生活で、家に帰りたくないと震えていました。緊急性がどこまであるのか正直迷いましたが、警察の生活安全課に一緒に相談に行くことにしました。

その後、行政と相談し、彼を障害者施設の短期入所で一時保護し、短期入所先から必要な荷物を取りに行く時には、取り立てから身を守るために警察にも協力してもらいました。弁護士にも介入してもらい、不当な取り立ては止みました。債務整理を弁護士が進め、生活保護申請と成年後見制度の申請を相談支援が行いました。数か月かかりましたが、今は新しい転居先での生活がはじまっています。

このような事例は、福祉職や行政機関だけでは対応できません。他職種連携が必須です。障害がある人が地域で暮らしていくには、第三者にだまされたり利用されたりという被害に遭いやすいことを念頭に、支援者など関係機関が、だまされたり利用されていないかと気をつけておくことも、権利擁護の観点から必要な視点と言えます。

(4) 障害者差別解消法

合理的配慮が義務となる

私は小学生の頃、バスや電車に乗ると「優先座席」があることに違和感を覚えていました。なぜなら、小学生の道徳の授業では「困っている人がいたら助けましょう」と習っていたからです。なのに、何故わざわざ「優先座席」と記して場所が決まっているのかということがわからなかったのです。そして、大人になるにつれ、「当たり前のことではないから優先座席があるのだ」とわかってきました。私は昭和五〇年代の小学生ですから、インターネットもなく、身近な大人からしか社会の情報がほとんど入っていませんでした。ですから「世間」というものがどんなものか、ほとんどわかっていなかったように思います。

障害福祉の仕事につき、「障害があるから」と諦め、遠慮している人々に直面することの連続でしたが、二〇一六年四月一日に障害者差別解消法が施行され、その内容説明の研修会で「優先座席」のことを思い出しました。当たり前ではないから法律ができたとも言えると感じたのです。お互いの違いを認め合い、共に生きていく社会の実現のために、障害者差別解消法は「合理的配慮」の必要性を行政機関等には義務として、事業者には努力義務として謳っています。その「合理的配慮」が過重な負担をともなう場合は、「相互の建設的な話し合いによる合意形成」が求められています。

その対象者は、障害者手帳を取得している人だけではなく、一時的な怪我などにより困難な状況になった人も対象とされているのです。

例えば、足を骨折し慣れない車いすで一人で電車に乗ろうとした時に、ホームまで階段しかないことを想像してみてください。どんな困難が目の前にやってくるか。

当然、階段を上ること、下りることに相当の困難があるわけです。ではどうするか？

1. 諦めて家に帰る。
2. 高くつくがタクシーに乗る。
3. 通りがかりの人に手伝ってもらうようお願いする。
4. 駅員に電車に乗るために何をどのように手助けしてほしいかを伝え、電車に乗る。

今までは1か2を選択する人が多かったように思います。それは「人に迷惑をかけない」という日本人の道徳的な教えが、障害者自身にも家族にも間違った形で根付いてきたという問題と、「困った時はお互い様」という考え方が薄れた社会になっていったことも関係していると感じています。私は、4の選択肢が当たり前になる社会の実現を目指していきたいと思います。

社会的障壁を取り除くことを皆で考える

障害があることと、社会での生きづらさはイコールではありません。右の例でも、スロープやエレベーターなどがあれば一人でもホームまでは行くことができるのです。それはお年寄りやベビーカーにとっても使いやすい環境です。

しかし、現在エレベーターやスロープがない駅に今すぐにその環境を整えるには、予算や工事に日数がかかることは、誰にもわかることです。ですから、「過重な負担がかかる時は相互の合意形成を図る」こととされています。要するに話し合いです。社会的障壁をいかに取り除くかを行政機関、事業者、国民一人ひとりが、その時にできることを困っている人と一緒に考えることができればよいのだと思います。そんな社会であれば、自分が年を取った時も安心できます。

私たち相談支援に携わる者は、「社会的障壁」が少なくなることは、その障害者の生きづらさが少なくなることであり、それが誰もが安心して暮らせる社会であると認識し、「共生社会の実現」に向けて地道な活動ですが、働きかけなくてはいけないと感じています。

見えない障害への合理的配慮

先ほどの例では具体的にイメージしやすいのですが、これが目には見えない障害や社会的障壁となると、また「合理的配慮」が難しくなってきます。

例えば、目は見えているが文字が認識しにくい学習障害の子どもが、学校でのテストはいつも○点だとします。だからテストはしない、というのは「合理的配慮」ではありません。どのような工夫があれば読みやすいのか、誰かが別室で問題を読み上げれば回答できるのかなど、その子の障害特性を知り、社会的障壁は何かを理解し、どのような工夫が合理的にできるか考える過程が必要となります。そのためには学校教育現場においても、福祉関連や医療など、地域で連携していく必要があります。その橋渡しに、社会福祉士や相談支援に携わる者が力を発揮していかなければならないとも感じています。

障害者の権利を守るための法律ができるということは、裏返すと、今まで守られていない社会であったということです。その背景には「知らない」ということがあるようにも思います。障害自体は治すことはできませんが、環境を整えて暮らしやすい社会へと変えていくことは私たちにできることであり、その視点を忘れてはいけないと思います。

5 残された課題が地域をつくる

（1）「残された課題」に気づく支援者と気づかない支援者

声なき声を制度につなげる

「残された課題」とは、本人の願う暮らしを実現するための支援計画を実行するにあたり、解決していない課題のことをいいます。

厚生労働省は、地域にある自立支援協議会において、この「残された課題」から「地域の課題」を抽出し、その地域で解決できる問題を検討することとしています。そして、地域では解決できないものを「市」や「県」単位の地方自治体の「自立支援協議会」で検討し、制度化すべきものは制度化していくという仕掛けを打ち出したのです。平成一八年にできた障害者自立支援法において、自立支援協議会を設置するようになり、平成二四年四月からは法定化されています。あなたの暮らす地域にも「自立支援協議会」というものがあるはずです。

その「自立支援協議会」は、福祉職や医療関係者、障害当事者、家族、学識経験者や地域住民も含め、参加者制限は決められておらず、各「自立支援協議会」で決定することができます。

障害者福祉の歴史においては、障害種別に構成された集団で政治家に陳情し、制度化を求めるという流れが、長年の日本のスタイルとなっていたと言っても過言ではありません。そんな障害者福祉の草の根運動が集団の声となり、力となって新しい制度を獲得してきたことは否定できません。

しかし、従来の仕組みのままでは、集団に属さなければ意見が制度に反映されることはありません。その結果、特に障害者の中でも少数派の障害種別の方の意見は反映されにくいことになってしまいます。

社会福祉士の役割の一つに「社会資源の創設」がありますが、正直なところ、「そんな大それたこと私にはできないな。どんな人ができるのか」と思っていたものです。

その点で、障害者自立支援法ができた時に「声なき声を制度につなげ、親亡き後を心配し、一日でも子どもより長生きしたいという親の思いが変えられるかもしれない」と心躍る思いをしたことが忘れられません。しかし、それを実現するためには「残された課題」を拾い集める役割の人が必要です。どんなに立派な学識経験者や有識者とよばれる方が自立支援協議会に集まっても、話し合う種を拾い集めることができなければ機能せず、意味がない会議になってしまいます。「地域課題」を拾い集めることは、ソーシャルワーカーとしての腕の見せ所と言えます。

次に、その種をみつける私流の「コツ」をお伝えしたいと思います。

せっかくの車いすを利用できない場合

「残された課題」と聞くと、なんだか固いイメージがありますが、私はこう置き換えています。「困っているままになっていること」と。

そして、障害福祉サービスや介護保険サービスにないから「しかたない」と、支援者の私が勝手に片付けてしまわないようにしています。

すでにあるサービスをつなぎ合わせて支援計画を立て、サービスにないものは「しかたない」でそのまま放置し、サービスの受給者証が出たら終結というのは「パッチワーク支援」であり、その計画には「本人自身の望む暮らし」が見えてきません。中には「そんなことまでやっていたら時間がかかりすぎる」「多くの人の計画相談を立てていかないと相談支援の事業所として採算が合わない」などの声も聞こえてきます。しかし、それは制度の問題であり、相談者には関係のない話です。本来の「ケースワーク」ではないと思います。

ここで、「残された課題」の事例を二つ紹介します。

Lさん（六〇代前半）は、エレベーターがない公営住宅の三階に暮らしていました。室内では杖や家具を支えに何とか移動できていたのですが、持病が悪化し、外出には車いすが必要となりました。Lさんの奥さんも六〇代前半で、腰に持病がありました。

車いすを購入したものの、重たくて三階までもって上がることができず、郵便受けのある階段下に置いていると、近隣から苦情がきたというのです。困ったHさんは事情を説明しましたが、「共有の部分を占領してもらうのは困る」という近隣の言い分に、何も言えなくなってしまいました。Lさんは、ヘルパーに車いすを自宅にもって上がるよう依頼したのですが、自宅外の支援であるから対象外だと断られました。それ以来、自宅から出なくなってしまいました。

そこで、Lさんが自宅から出やすくなるよう、どんな支援が利用できるかをまずは考えました。そして、自宅に来るヘルパーに、外出の準備という内容で車いすを自宅から公営住宅一階まで下ろすことも含めた支援をしてもらえるよう行政と話し合い、実現することができました。

また、Mさんは七〇歳の母と二人暮らしをしていました。住まいは公営住宅の一階でしたが、五段ほどの階段があります。病気の進行により歩行が困難となり、電動車いすを利用することにしました。ところが置き場所がなく、公共部分に電動車いすを置くこともできず、そのまま押し入れに真新しい車いすが眠っていました。電動車いすであれば外出は一人でできるのに、それが使えないので、外出には常に介助が必要な状態でした。

残された課題の見つけ方

さて、Lさんも M さんも外出は車いすを利用し、介護する人を福祉サービスで提供すれば外出は可能である状況です。しかし、「外出は可能である状況」というだけで、「これでサービスの調整ができた」と終了してしまっては、大切な「種」を拾い損ねてしまいます。

何が「種」でしょうか。それは「自由に外出できるのにできないこと」です。Lさんが一階に車いすを置けたら、Mさんも電動車いすを置く場所があり、玄関までの段差がなければ、ヘルパーを調整することもなく、自分の外出したい時に外出ができるのではないかということです。「何がその人の望みを阻害しているのか」、その原因を見極めていくことが大切です。「車いすだし、置く場所がないのだからしかたがない。ヘルパーが来た時だけでも外出できるようになったから必要最低限のことは確保できた」などと支援者の自己満足で終わってしまうと、そこから先の「ソーシャルワーク」につながらないのです。

具体的には、公営住宅やアパートに暮らす人たちが車いすをどのような場所に置いているのか、それをリサーチしていくのです。もちろん私一人が歩いてリサーチすることはできませんし、そのような専門会社に依頼する費用もありません。ですから、「話す」のです。私たち相談支援専門員はネットワークが命です。そのネットワークを生かして、直面している課題を「種」としていろいろな場面で話をしてまわるのです。そうしているうちに情報が集まってきます。そして、その「種」に共感し「私も同じ相談を受けた人がいる」「私はこんな風にしている人と出会ったことがある」と情報が集まってきます。時間がかかることではありますが、その地域において「種」を私一人の課題とせず、いろいろな人が意識することで「誰もが暮らしやすい地域」を考えていくきっかけになります。そうすることで、自分一人では思いつかないような発想に出会うこともあります。

情報を集めていくと、高齢化が進んでいる地域では空きのある賃貸駐車場が多いのに、ヘルパーや訪問看護が訪問する時に車を停める場所がないことがわかりました。この問題を解決するために、「介護車両専用」という駐車場ができているところがあるとわかりました。これは、住んでいる人たちが、駐車場を管理する行政機関に訴え続けた成果だと知りました。車を停める人も、訪問してもらう人も、変な場所に停められて迷惑する人も、みんなが助かることだと思います。

車いす置き場のことでは、自治会と話し合いました。そして、自転車置き場に車いすを置いている方があるという情報から、「公営住宅に車いす置き場」があればいいのではないか。それは障害者だけではなく、高齢者にも暮らしやすい地域となる「種」ではないかという結論に至ったのです。そして、それを誰がどうやって実現していくのか、ということが「自立支援協議会」で検討されていく内容となるのです。

まだこの案件は私の地域では実現していませんが、このように、一人ひとりの暮らしの中から

「残された課題」を見つけることで、「誰もが暮らしやすい地域」がかたちづくられていくと思うのです。

残された課題は、貴重な地域の課題

ある日、就労支援をする機関の方と話をすることがありました。とても熱心な支援者で、経験も豊富でした。私は聞いてみました。「障害者就労支援をしていて『残された課題』だと感じることは何ですか」と。すると「それがわからない」と言います。そこで、個人的な就労技能と就職先とのミスマッチなどを除き、「就労を希望していて、就労能力もあるのに、就労を阻害するものは何が多いですか」と質問を変えてみると、いろいろと「種」が出てきたのです。

例えばこんなことです。

・中途視力障害者の方が住む地域の駅には駅員がいないので一人で電車に乗れず、就労できない。

・面接では評価が高いのに、車いすからトイレに移乗するための介助が必要なので就職できない。

これらの課題を、支援者が「しかたがない」と諦めてしまうのは、まさしく「もったいない」のです。貴重な地域の課題を提案してくれているのですから、それを「しかたがない」の一言で片づけてはいけないと思います。「種」は地域で暮らす一人ひとりがもっていて、その「種」が地域の「困った」を解決する手がかりになるのですから。

そうは言っても、すぐに「残された課題」が実を結び、地域の花として社会資源が生まれるわけではありません。私は「残された課題」を、頭の中で付箋を貼るようにして集めていきます。そして何人も同じようなことで「望ましい暮らしが阻害」されているようなら、やはりそれは地域の課題ではないかという視点で情報を集めていくようにしています。

大事なのは、支援者が勝手に諦めてしまわないことです。その「地域の課題」が解決できるカギをもっている人と出会う、制度の変化の波が来るなど、なにがしかのチャンスがやってくるまで大切に温めて、地域に広げていくのです。それが「ケースワーク」から「ソーシャルワーク」につなげる大切な「鍵」だと感じています。

第3章

新しい社会資源の創設という役割

この章では、個別支援から社会の仕組みを変えるソーシャルアクションの視点について考えたいと思います。

1 ケースワークを通して生み出す社会資源

（1）社会資源とは何か

インフォーマルな社会資源のわかりにくさ

一般に、「社会資源」とは、生きるうえで起こる様々な問題の解決を担う福祉制度や施設のことを指します。福祉の世界で言われる社会資源の制度は、障害福祉サービスや介護保険、高額医療制度や傷病手当、生活保護など、いわゆるセーフティーネットのような役割を担うもののことを指します。施設や機関などであれば、いわゆる福祉施設や相談支援事業者、居宅介護支援事業所などがあげられます。

この社会資源は、大別して「インフォーマルな社会資源」＝非公的な社会資源と、「フォーマルな社会資源」＝公的な社会資源に分けることができます。フォーマルな社会資源は想像しやすく、サービスとしてつなぎ合わせやすいのですが、インフォーマルな社会資源となると、そうはいきません。なぜならば、目の前にあるすべてがインフォーマルな社会資源であるともいえるからです。したがって、それらを活用できなければ社会資源ではありません。この点に、わかりにくさが残ります。

社会資源創設の難しさ

社会福祉士の資格取得のための勉強をしていた時に、「社会資源の創設」という役割が社会福祉士にあると知りました。当時の私は「この役割だけは私にはできないだろう」と、まるで夢物語のように感じていました。社会福祉士を取得してからも、知的障害者通所施設や精神障害者通所施設で勤務していた私には、日々の暮らしの支援以外見えていなかったのです。日々の暮らしの支援も大切なことですが、施設の中だけで「困ったこと」を解決する術しか知らなかったのだ、と今振り返れば思います。

その頃の私には、制度や施設を作り出すのは「行政の仕事」としか思えなかったのです。「私は施設現場の人間で、行政で働くのではない」と。だから、私には到底社会資源など作り出せないと感じていたのです。

「一日でもこの子より長生きしたい親の願い」を生み出す社会に対して、「変わらなければいけない。変えなくてはいけない」という思いはありながらも、こう考えていました。「自分一人が施設の中でよりよい支援を考えていても、どのように社会を変えていけばいいのかわからない」と。私が考えられたのは、「施設が地域と連携して一人でも多くの人に障害者のことを理解してもらう『障害者理解の啓蒙』」という発想です。例えば、福祉バザーの出店や地域での清掃、講演会などの機会に啓蒙活動をしていきました。

その思いから一歩進む転機となったのが「障害者自立支援法」でした。

障害者が社会資源を活用し、社会に還元する

当時の障害者自立支援法では法定化はされていませんでしたが、「地域自立支援協議会」で地域における支援体制の評価、関係機関による連携体制の構築、社会資源の開発等に向けた協議を行い、自治体の福祉計画の作成、具体化に向けた協議をする、という内容がありました。（平成一七年一二月二六日障害保健福祉関係主管課長会議資料４－２「相談支援の手引き」第三章第四節「市町村の責務」）

その後自立支援法の改正で平成二四年から「地域自立協議会」は法定化されたのです。現行では「地域」がなくなり、「自立支援協議会」となっています。

これまでの福祉は、障害者団体が実績をつくり、政治家に陳情し、制度が少しずつ変わっていくという方法がメジャーでしたから、相談支援を通して自治体の福祉計画にかかわれるというのは、画期的な方法だったのです。

「これなら私にも何かできるかもしれない」と心躍る思いがしたことをよく覚えています。その頃の私は、高齢出産で妊娠後に安静を強いられていました。そして、産後一か月で復職した先が相談支援事業所で、私にとって初めての相談業務でした。また、「措置」から「契約」に制度が切り替わり、自立支援法が始まった頃でもありました。産休で休んでいる間に福祉業界は大変動しており、復職した私はまさしく「浦島太郎」状態でした。「通所授産施設」という名称は「就労継続支援B型」や「生活介護」と変わり、新たに「障害認定区分」という制度も導入されていたため、復帰後は福祉用語を覚えることからのスタートでした。その中で、相談業務を通して地域で暮らす様々な障害児・者と出会い、「誰もが安心して暮らせる社会」になるために何が必要なのか、ということを障害者一人ひとりの人生から教えてもらうこととなるのです。

そして「地域で暮らす」ということは、障害者が地域の社会資源を一般の人と同じように活用し、自分の力を地域社会に還元できることではないかと考えるようになりました。障害があるがゆえに社会資源を活用できないことや、地域社会から疎外されている状態を改善するために、相談業務や自立支援協議会はあるのではないかと今も考えています。

そう考えると、「社会資源」とは、すでにあるものをどのようにつなぎ合わせて活用していく

市町村の(自立支援)協議会について

参考資料3

○ 障害者自立支援法等の一部改正により、平成２４年４月から法定化された（自立支援）協議会は、地域の関係者が集まり、個別の相談支援の事例を通じて明らかになった地域の課題を共有し、その課題を踏まえて、地域のサービス基盤の整備を着実に進めていく役割を担っている。

○ 具体的には、

- 委託障害者相談支援事業や基幹相談支援センターの事業実績に関する検証や評価
- 相談支援事業者等からなる相談支援に関する専門部会等における、個別事例の支援のあり方についての協議
- 指定特定相談支援事業者が作成するサービス等利用計画等の質の向上を図るための体制の検討
- 地域移行支援・定着支援を効果的に実施するための相談支援事業者、精神科病院、入所施設、保健所や地域の障害福祉サービス事業所等による地域移行のネットワークの強化や、障害福祉サービスの利用の組み合わせによる施設入所者の状況を踏まえた地域の社会資源の開発の役割強化

等の取組を地域の実情に応じて進めていく必要がある旨や、地域における障害者虐待防止等のためのネットワークの強化を図る必要がある旨が、通知により明確化されている。

※ （自立支援）協議会において、個別事例に係る協議を行う場合には、個人情報保護の取扱いに留意することとなっている。

【（自立支援）協議会を構成する関係者】

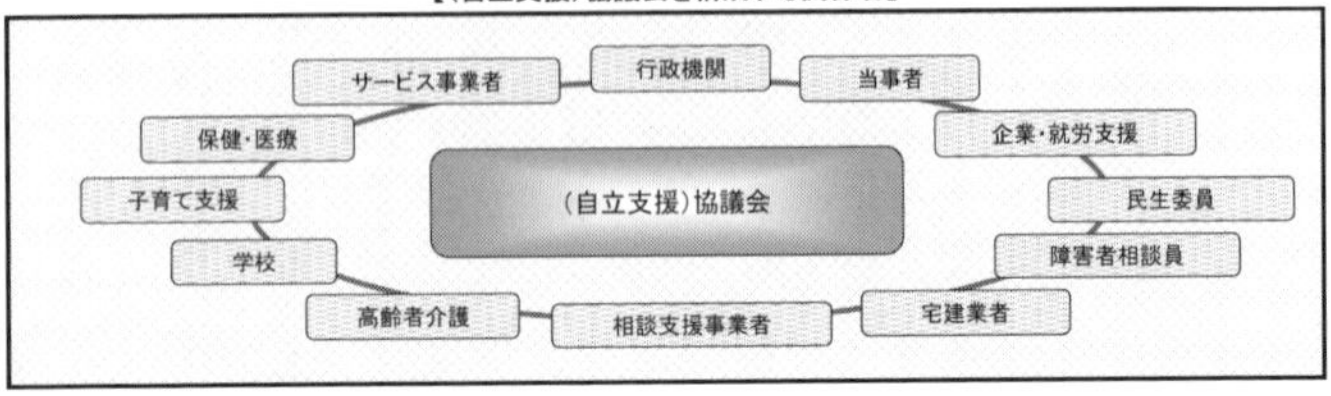

のかを考えるものであり、ないものは生み出すものである、といえます。そして、社会資源を生み出すのは、今暮らしている一人ひとりの声を聞くことから始まるのだと思っています。

現在の「自立支援協議会」の位置づけと求められる役割について、平成二六年厚生労働省告示第二三一号（障害福祉サービス及び相談支援並びに市町村及び都道府県の地域生活支援事業の提供体制の整備並びに自立支援給付及び地域生活支援事業の円滑な実施を確保するための基本的な指針）の「第四期障害福祉計画の基本指針」において「協議会は、関係機関等の有機的な連携の下で地域の課題の改善に取り組むとともに、都道府県又は市町村が障害福祉計画を定め、または、変更しようとする際に、意見を求められた場合には、地域からの課題解決に向けた積極的な提言を行うことが重要である」とされています。

わかりやすい参考資料として、厚生労働省ホーム

ページの「障害者総合福祉法」から「市町村の（自立支援）協議会の役割」参考資料3があります。

※全国社会福祉協議会（平成二七年四月発行）「障害福祉サービスの利用について」は厚生労働省のホームページからＰＤＦデータで見ることができます。障害福祉サービスの概要がわかりやすいのでご参考にしてください。

（2）支援ネットワークという社会資源

作業の開拓をした先輩

もう二五年も前のことで、私が知的障害者の通所施設に勤務していた時のことですが、そこに風変わりな先輩がいました。その頃の通所施設では、お菓子の箱折り作業や紙袋作成などの仕事を、下請けのまた下請けという形で引き受けて、それを毎日忙しく提供していました。

ところが、その先輩は「作業開拓」と銘打って、なぜか作業中にしばしばいなくなります。そして、会議の席で「地主と交渉して、下の畑を無償で借りることができました。そこでハーブを育てることを作業の一つとしていきます」と切り出します。さらに「ハーブの育成支援を地域の方に協力してもらうこともとりつけました」などと言い出すのです。仕事をし始めて間もない頃の私は、「なんて奇抜な考えなんだ」と思うとともに、「なんと行動力のある人だろう」と驚きました。そして、なぜハーブ栽培を作業に取り入れようと考えたのか、先輩に聞いてみました。すると、こう答えてくれました。

「手先が器用ではない人もいれば、室内で一日同じ作業をするのが苦手な人もいるのに、なんでみんなに同じことばかりさせるのか。作業は多様化したほうがいい」と。まさに即答でした。そして、そう答える先輩はとても楽しそうでした。もしかすると、その先輩が室内で黙々と同じ作業をするのが苦手だったのかもしれません。

確かに、それまでの室内作業を負担に感じている人もいました。その先輩は、その人たちの可能性を広げる作業を考えていたのです。

そのハーブ栽培をきっかけに、地域のハーブ研究家や花栽培の職人さんやトマト農家まで、いろいろな地域の方の協力と協働が始まりました。三年後には、その施設だけではなく、近隣の障害種別の違う施設とも連携し、働き手の少なくなったトマト農家に、専属で作業に出向く施設利用者も出てきました。二五年前ですから、まだ措置時代で自立支援協議会もなく、障害種別の違う施設同士が連携し、同じ作業場に出向くというのは珍しいことでした。

役に立ち合う関係が社会資源を生む

準備された作業に合わない人に視点をあてて「作業」を開拓していくことで、地域の農家が施設のことを知るようになりました。すると人手不足の農家からも、毎日手伝ってくれる人が欲しいと申し出がありました。黙々と決められた作業をこなしてくれる自閉傾向がある施設利用者が、毎日農家で働くことになったのです。こうしてお互いが助かっていきました。

こうした活動は、地域啓蒙活動としての講演会を開くより、「障害者理解」を深めます。それは、知り合うからです。また、栽培技術など素人の施設職員が見よう見まねで栽培するより、地域の専門家の協力があれば、より良い商品が生み出せるのです。

施設の中のごく少数の室内作業が苦手な人の支援を考えて視野を広げ、地域に視点をあてたその先輩の行動力と発想力が、後に施設と地域のつながりを生み出し、他の施設にとっても社会資源の一つとなって波及していきました。人手不足の農家にとっても、施設の利用者が、働き手という貴重な社会資源になったのです。

現在も多くの通所施設で毎日作業が提供されていますが、「日々事故なく怪我なく無事にお預かりしました」というスタンスではなく、一人ひとりに合う作業が提供できているかを考えていくことが大切です。そこから、地域に視点をあてて「してもらう、してあげる」の関係ではなく、お互いに「役に立ち合う」関係を築いていくことが、新しい社会資源を生み出すきっかけになるかもしれません。こうして、地域の社会資源と施設がつながるという「支援ネットワーク」そのものが、その地域の社会資源となっていくのです。

連携が支援力の向上を生む

同じく地域で暮らす一人ひとりのケースワークからも支援ネットワークが生まれていきます。ケースワークは決して一人で取り組めるものではありません。相談支援だけですべて解決なんてありえないのです。

例えば、自殺願望が強い精神障害者の方の支援を、主治医と病院ＰＳＷ（精神保健福祉士）と訪問看護、ホームヘルプ、通所施設、相談支援事業所というチームでしているとします。自殺願望が強くなると、訪問看護やホームヘルパーなど、自宅に入って支援を継続的にしている事業所が、それをキャッチします。訪問看護は主治医に連絡し、ホームヘルプは相談支援事業者に連絡し、相談支援事業者から日中活動の通所先に連絡します。そこで情報交換をし、必要であれば会議をし、支援方針を確認していきます。このような連携がとれる支援者間の関係を、支援ネットワークと私たちは呼んでいます。

この支援ネットワークを作り、一つの支援方針を共有した中で、それぞれの役割を果たせるよう計画相談支援を仕掛けていきます。この支援ネットワークが一人ひとりに構築され、あちらこちらに大小さまざまな支援ネットワークの輪が広がっていくと、水紋のように、中心はそれぞれに違っていても、輪が重なり合うことで、一つの大きな輪になっていくのです。

ある人の支援をしていたホームヘルプの事業所が違う人の支援に入ると、そこに同じ訪問看護が入っていたりします。すると、「知った顔」であることで、情報交換や相談の敷居が互いに低くなり、連携がよりスムーズになって「支援力の向上」になるのです。それも大きな社会資源であると私は思います。

それに、支援ネットワークには福祉の専門職ばかりが入るわけではありません。民生児童委員や地域住民、友人、近所の商店であったりもします。福祉専門職以外の方に支援ネットワークに入っていただく場合は、個人情報については十分配慮する必要がありますが、その場所に住んでいる人やその場所で商売をしている人の力は時として大きな役割を果たしてくれます。

ケースワークは個別支援ですが、その個別支援を通して地域のつながりを作ることも、社会資源の創設といえるのではないでしょうか。

制度上、障害者や高齢者や児童と色分けされていますが、障害がある人もない人も、高齢者や児童も「地域住民」であることには変わりないわけです。こうした支援ネットワークを育てる視点を、相談支援を担う人はもつべきであると考えています。

2 「残された課題」から生まれる地域課題が新しい社会資源をつくる

(1) 見逃さない力とつなぎ合わせていく力

残された課題を記憶しておく

相談を受けていると、「どうしたらいいのだろうか」と手立てがすぐにみつからず、迷路に迷い込んだような気持ちになることがあります。人生がそれぞれ違うように、相談内容もまったく同じということはありません。「働きたい」「ヘルパー制度を利用したい」という相談は多くありますが、どのように「働きたい」のか、何をヘルパーに支援してほしいのか、どんなことが障壁となっているのかなど、人それぞれ解決すべき課題は違っているものです。相談者自身がその課題に気づいていないこともしばしばあります。

専門職として相談者の抱える問題に「ズバッと解決!」となればよいのですが、そうしたことはあまりありません。自分のもっている知識と情報をつなぎ合わせて頭をひねっても何も出てこない、ということもしばしばあります。そんな時、「今の制度ではどうしようもない」と諦めてしまうと、私は専門職として白旗をあげることになると思うのです。ではどうすればいいのでしょうか?

私は頭の中に残された課題に付箋を貼り付けておきます。頭の中にちょこんと記憶させておくのではなく、ノートに記していくような感覚です。

そして、「今すぐできること」と「今すぐできないこと」を区分けして整理します。わからないことが出てくればわからないままにせず、誰かに聴く、相談する、調べるなどして情報を集めます。そうしないと、すぐに解決できないであろう話を聴いた場合、その時は覚えていても、時間が経過し、次々に新しい相談が入ってくると、前に聴いた問題は後回しになっていき、結局取り残されたままになってしまうからです。こうして、わからないことをわからないままにしないことが、相談を受ける私たちのスキルになっていくのです。

声を挙げられない人の代弁者になる

付箋をつけた課題と同じ課題が、まったく違う人から提案されることもあります。そんなことが続くと、これは「地域課題」ではないか、と気づかされるのです。つまり、単に個人個人の問題だけではなく、多くの人が、その課題で困っていることではないか、ということです。ことによれば、それは「地域」だけの問題ではなく、障害福祉制度上の問題であったり、管轄行政区の問題であったりもします。制度や行政の在り方に住民が暮らしを合わせるのではなく、本来は住民の暮らしの中から、社会の仕組みが変わっていくほうが自然なのではないかと思います。

しかし、実際は少数派である障害者からの課題は、政治には拾われにくいのが現状です。だからこそ、一人ひとりの声を私たちが諦めず、暮らし良い社会を作るためにも声を挙げていく必要があると考えています。もちろん、障害当事者の方の中にも積極的に活動をされて声を挙げておられる方もいらっしゃいます。それはとても大切なことだと思っています。しかし、私が出会う方々の中には、日々の暮らしで精いっぱいで、なかなか声を挙げにくい方もおられます。私たち相談支援者は、その方たちの代弁者として声を挙げていきたいと考えています。

通所先を変えずに送迎を可能にするには

具体的な例を挙げてみましょう。私たちの地域では、平成元年前後に新設された通所施設がいくつかあります。まだその頃は措置時代ですから、養護学校を卒業した一八歳から措置されてきた方が多くいるわけです。そうすると、現在の親の年齢は七〇代が多くなってきます。当たり前のことですが、就労継続支援B型の送迎が「親の高齢化に伴い負担が高くなってきた」という相談を受けます。送迎がある生活介護に移ることを選択する方もおられます。その時は送迎のある生活介護や就労B型を紹介すればよいのだと思いますが、「長年通所した今の通所先を変えたくない」という方にはどうすればよいでしょうか？　まだ私たちの街の移動支援では、日中活動の場への送迎利用は認められていません。

その声があちらこちらの通所先から一人や二人ではなく、多く聞かれるようになったらどうしたらよいのか、ということです。こうした問題は親の高齢化とともに、どこからでも挙がる課題であると考えなければなりません。

こうした課題に対して、当時の自立支援協議会では、

・個別の対応として、各通所先に送迎について取り組めないのか現状を確認する。

・地域の課題として、グループで送迎できるシステムが作れないかを検討する。
・行政の課題として、移動支援による通所先への送迎が可能にならないか提案する。

といった対応が考えられました。私の地域では二番目の「グループ送迎」に実際に取り組むことができました。介護タクシーに乗り合い料金を分割していくものでしたが、急な休みや待合わせの時間の問題など課題は残りました。また、行政への通所送迎への移動支援の利用については引き続き提案し続けています。

ある研修で長野県の事例を聞きました。高齢者のデイケアへの送迎バスが、片道空で走っているというのです。長野県はこの点に着目しました。そして、空で走る区間を障害者の通所先への送迎に利用したそうです。このように、地域の課題を地域の社会資源と結び付けて解決していくことが、その地域をより豊かにし、誰もが暮らしやすい地域を作り出します。それが、ソーシャルワーカーの神髄なのではないかと思っています。

（2）施設入所者の相談支援から見えてきた地域課題とその実践

ナースコールを押せなくなった自分の経験

私が三〇代の頃の話です。肋骨を一部切除するという手術を受け、三か月ほど長期入院しました。その時初めて感じたことがありました。

それは「遠慮」です。手術後の自由が利かない時に忙しそうにしている看護師の方の姿を見かけ、通りかかった看護師さんに勇気をもって声をかけると、こう言われるのです。「ちょっと待ってね」と。こうして待たされるという状態がしばしばあると、ナースコールを押そうとするのですが、どうしても「遠慮」しがちになり、なかなか押せなくなってしまうのです。こうして私は、ナースコールすれば来てもらえるかもしれないのに、押すことをしなくなりました。

病院の名誉のために付け加えますが、決して看護師が怠けているわけではなく、意地悪な人がいたわけでもありません。人手不足もあり、忙しいのです。「ちょっと待ってね」と言いたくて言っているわけでもありません。その表情にはきっと初めは「ごめんね」の気持ちがあったのだと思います。しかし、それが日常化してしまうと、なぜか「ごめんね」の表情が消えてしまいます。その時のことを思い出すと、長年入所施設で暮らしている人も同じ気持ちなのではないか、と考えたものです。

「相談する」ということはエネルギーのいることです。自分の困っていることが長年かなえられずにいると、本人自身が諦めてしまい、いつしか相談することすら意味がなくなってしまうこともあるのです。その人の周囲にいる人も、なんとかならないかと初めは考えても、良い手立てが見つからなければそのままになり、「困っていること」がなかったことになってしまうのです。

ずっと諦めていた願いを実現する

入所施設に長年暮らしている方の計画相談を担当したことで見えてきた課題と実践を、ここでお話ししたいと思います。

Nさんは脳出血で四五歳の時に倒れました。一命はとりとめましたが、重度の後遺症が残りました。医療ケアも含め、日常生活を送るにはかなりの介護が必要な状況でした。

子どもはおらず、夫婦二人暮らしでしたが、夫の介護負担が重く、夫婦で話し合い、Nさんは障害者入所施設で暮らすことを決めました。そして一五年が経過し、私はNさんと出会ったのです。

Nさんの暮らしを聴いていくと、多くの人が楽しみにしている年に数回の外出に、参加していないことがわかりました。なぜ参加しないのか気になり、理由を確認していくと、外出先が気になっていたようです。外出先として近くのショッピングモールを希望する人が多く、毎回似たような場所になるといいます。Nさんは買い物には興味がなく、美術館巡りに関心があるのですが、Nさんはミキサー食でしたから、外食も諦めていたのです。さらに言えば、Nさんは夫と一緒に美術館に行きたかったのだというのです。定年したら、夫と美術館巡りに行くのが夢だったものの、今となっては夫に介護を強いることになるので、夫と外出することは諦めているといいます。そんなことも、こうして聞かれるまで忘れていたとも話してくれました。

この願いをもち続け、誰かに訴え続けるのはとてもエネルギーのいることだと思います。時とともにその願いは、介護を受ける側の「介護を強いることになる」という思いとなり、やがて「諦め」へと変わり、いつしか「忘却」されてしまうのです。

私たちは、Nさんがせっかく思い出したのだから、その夢を実現できる方法がないか探していくことにしました。ある程度お金がかかってもよいということだったので、有料ですが、食事面やトイレの確保も含め、ルートも事前に企画してくれるNPO法人が見つかりました。もちろん夫も一緒に行くことになりましたが、介護は一切NPO法人のスタッフが行うことになり、看護師も付き添うことになりました。それは、まさしくNさんのような「介護を受ける側の遠慮や諦め」を「できること」に変えていくというコンセプトをもった旅を支援するNPO法人だったのです。

Nさんの希望実現のため、安全な外出のために入所施設スタッフもまじえ、NPO法人、医療スタッフ、生活支援スタッフが時間をとり、打ち合わせを重ねました。

当日、介護タクシーに乗り込み、隣の県にある国立美術館に出かけていきました。日帰りでしたが、とても充実した時間になったと教えてくれました。

無理なことと諦めない

「Nさんの諦めていた気持ちは、Nさんだけのものではない」。それは、入所支援施設で暮らす人がもっている課題ではないかと私は思い始めました。

入所施設では高齢化が問題となっており、医療ケアが必要な人が増えています。それにもかかわらず、夜間の看護師は不在です。家族の高齢化も進み、職員が通院への支援を担うことが増えますが、人手が足りません。施設入所支援における施設は、生活全般を支援していく場所ですが、外出などの余暇的な支援を個別に提供するだけのマンパワーがないのが現状です。

私の地域では移動支援などの外部支援が利用できず、外出の支援を施設側も利用者側も諦めてしまう事態になっているのです。そのような環境に何十年もいる人に「地域移行」の旗を掲げて「地域で暮らしましょう」と理想論を訴えても、「今さら」という「心の声」が聞こえてきそうに私は思うのです。

これは私の地域だけの問題ではありません。障害があるからという、本人にはどうしようもないことが理由で諦めていく障害当事者も、夢と希望をもって就職してきた支援者も諦めてしまってはいけないのではないかと思っています。

Nさんは自由になるお金があったのでNPO法人を利用することができましたが、自由になるお金がない人はNPO法人を利用することもできません。

しかし、Nさんと同じような支援を受けることは、入所支援施設で暮らすことを選んだ多くの人の願いなのです。

その願いを、施設職員も「無理なこと」と諦めないことがとても大切です。

そのためにも、残された地域課題として、自立支援協議会で課題として提案していく必要があります。

一人の声に共感し、それが多くの人にとって共通するものであれば声をまとめて挙げていく。それこそが、誰もが暮らしやすい地域をつくる活動のエネルギーであると感じています。

3　計画相談支援の意味

（1）サービス支給の手続きではない

相談支援の体制

平成一八年の障害者自立支援法によって、相談支援が地域に義務づけられました。私の地域では、市が社会福祉法人に相談業務を委託する形で始まりました。

現在は相談支援体制として大きく分けて四つの相談支援事業があります。

［基幹相談支援センター］

・地域の相談支援の拠点として総合的な相談業務を実施

・相談支援体制の強化
・相談支援事業者への専門的な指導や助言・人材育成
・地域の相談機関との連携強化
・地域移行・地域定着の促進の取組
・権利擁護、虐待の防止

［障害者相談支援事業］
・福祉サービスの利用援助（情報提供、相談等）
・社会資源を活用するための支援（各種支援施策に関する助言・指導）
・社会生活力を高めるための支援
・ピアカウンセリング
・権利擁護のために必要な援助
・専門機関の紹介　等

［指定特定相談支援事業所・指定障害児相談支援事業所］
・計画相談支援
・基本相談支援

［指定一般相談支援事業所］
・地域移行支援
・地域定着支援　等

さて、ここでお話をしたいのは「計画相談支援」というサービスについてです。

計画相談支援は、障害福祉サービスの一つとして、国がその費用を負担し、申請があったサービス利用者と指定特定相談支援事業者が契約を交わします。そして、介護保険でいうケアマネジャーのように、どのようにサービスを利用し、その人が望む暮らしを実現していくかという計画を立てていきます。その計画にもとづいて、サービス事業者とサービス利用者とが契約を交わします（サービス利用者の確認印が押されたものを行政に提出し、サービス利用受給者証にサービスの種類と量が記載されます。その受給者証をもとにサービス事業者とサービス利用者とが契約を交わします）。

そして、その計画を柱に、ヘルパー事業所や就労継続支援Ｂ型事業所など利用する福祉サービスの事業所が支援計画を立てて実践していくことになりますが、その際には、きちんと実践されたかどうかを定期的に振り返るモニタリングを行い、支援方針の確認をしていきます。

本人中心の計画相談支援を

このような流れから、計画相談支援を、「サービス利用受給者証の発行のための手続き」であると勘違いしている傾向を最近感じ、懸念しています。

計画相談は、本来その人の暮らしを望む形に近づけるためのものです。それまで、障害福祉の世界に専門性をもったケアマネジメントが普及せず、措置費体系の親方日の丸的な施設運営がなされてきたことを考えると、計画相談支援がサービス利用者に必須とされ、そこに国レベルで予算がついたということは画期的なことだと思います。計画を立てるには、相談支援初任者研修を受ける必要がありますが、福祉業界で経験を積んだ人しか受講資格が与えられないことになっています。それは、一定のレベルを確保しようとしているからです。そして、初任者研修を受けてから五年ごとに現認者研修を受けなければ、初任者研修からやり直しというシステムにもなっています。

しかし、研修で「本人中心の計画相談支援」であると口を酸っぱくして叩き込まれても、現場に入ると一人職場の現場も多く、人手も足りません。そして、契約件数を多くしなければ事業運営が立ちゆかない予算という現状のもとで、日々追われて仕事をすることになります。すると、「本人中心の計画相談支援」とわかりながらも、いつしか「受給者証発行のための手続き」となってしまうのです。

制度的な課題はまだまだあるとは思いますし、制度の課題は課題として声を挙げる必要があります。しかし、それを理由に、なおざりな仕事をしないことが大切だと思います。

障害者本人が望む暮らしが、障害がある、という理由で阻害されているとしたら、その阻害要因が障害福祉サービスで補えるものであれば、サービスを調整します。しかし、障害福祉サービスでは補えない場合は、地域のインフォーマルな社会資源に目を向け、本人の望む暮らしを実現していく手立てを計画していくのです。

地域の社会資源にもすぐに結びつかない時は、残された課題として、地域で話し合うことが必要であると思います。

サービス利用の受給者証を発行すればよいという考えになると、一人ひとりのサービス利用者としっかりと面談することもなく、サービス提供側にだけ話を聴く、もしくは親とだけ面談するなどの状況が生まれてきます。そして、毎年同じような内容の計画ができ上がっていくのです。それでは「本人中心の計画」ではなくなってしまいます。

せっかく相談支援の仕事に就いたのですから、その人がその人らしく生きていくための計画を真剣に立ててほしいと願います。

計画相談支援はあくまでもケースワークの手法の一つなのです。

（2）プログラムは目的達成のための手段である

目的に応じたプログラムを用意する

私は学生時代に障害児・者と夏山でキャンプをするボランティアサークルで活動をしていました。キャンプでは自分が担当するグループのプログラムを計画していきます。その際には、キャンプに参加する人と事前面接を何度かします。そうしながら楽しんでもらえる企画を考えていくのです。私はあれやこれやとプログラムが浮かんでくるのですが、先輩にことごとく却下されました。どうして却下されるのかを聞いてみると、

「あなたの案はプログラムがメインになっているよ。プログラムがメインではないよ。そのプログラムは何のためにあるの？」と言われました。

実は、私はプログラムを埋めることばかりに必死になっていたのです。そんな私を見て、先輩は私に、「プログラムは目的達成のための手段である」と教えてくれたのです。

キャンプに参加した人が、「楽しかった、また来たい、私にもこんなことができた、という思

い出をもって帰ってもらいたい」。そんな目標があったのに、目標をそっちのけで「私たちに何ができるか」ばかりにとらわれていたのです。だからプログラムにまとまりがなく、行き当たりばったりのプログラムになっていたから却下されたのです。

これを計画相談支援に置き換えて考えてみると、サービスの種類や量はまさしくプログラムなのです。そのプログラムは何の目的達成のために必要なのかが大切です。目的がなく、形だけのサービスを整えても意味がありません。サービスを整える目的を明確にする必要があるのです。その目的は今までにもお伝えしてきたように、本人のニーズにあります。その人がどのような暮らしをしたいか、その暮らしをするためにはどんな支援があればよいのかがプログラムであり、目的に応じたプログラムを準備するのが、計画相談支援なのです。

本来、計画相談支援は、自分の利用するサービスなどを「自らのことは自らが決める」という意味で「セルフプラン」が基本であると思っています。しかし、希望する方には、計画相談支援を一つのサービスとして利用することができる体制を整えることが必要なのです。国は平成二四年から三年間で各自治体にその体制を整えることを求めています。しかし、政令指定都市などでは自治体が大きすぎてその体制が整いにくいという課題があります。

福祉サービス利用がなくても、相談支援を必要としている

私の地域では指定特定相談支援事業者が思うように増えず、どこの指定特定相談支援事業者とも契約できず、やむなく自分や家族が福祉サービスの利用計画を立てるセルフプランを選択されている方も多くいます。それに就労やライフステージの変化などから福祉サービスを利用していた人が利用しなくなることもあります。しかし、福祉サービスを利用しなくなったから相談支援は終了、とはならないのです。もちろん、セルフプランを作成しているから相談は無用とはなりません。本来セルフプランという設定は、やむなく選択するものではなく、自らのことは自らが計画するという意思が尊重される形で作られています。

例えば、次のように、福祉サービスには直結していなくても、相談支援を求めている人は多くいるのです。

・医療機関にのみ繋がっている人
・ヘルパー制度を利用しても被害感が増すばかりで、継続した利用にはつながらない人
・結婚や離婚、出産、両親の死など生活スタイルの変化があった人

・就職が決まり、通所施設の利用が終了した人

その人が抱えている課題を足掛かりに、その人の真のニーズを聴きとり、どのような暮らしがその人らしいのかを共に考え、その人が自分の力で進んでいくお手伝いをすること。それが相談支援だと思います。そのための一つの手法として「計画相談支援」があるのだと思っています。

誰のための何のための計画かを常に問いかける

指定特定相談支援事業者は、自治体から委託費を受けている障害者相談支援事業とは違い、計画相談での請求だけが事業所の収入になります。ですから数をこなさなければ運営できないという課題はよく理解できます。しかし、計画相談支援には「基本相談」も含まれています。受給者証に記載される居宅介護や生活介護といった福祉サービスと同じように「計画相談支援」と記載されます。それは受給者証発行のためだけのサービスではないことを表していると思います。「福祉サービスを利用しなくなったので、計画相談支援では請求できないからこれからは相談にのれない」というのは、指定特定相談支援事業者の運営上の問題を相談者にかぶせていることになります。これでは、相談者は誰に相談すればよいのかを決めることができません。

ですから、指定特定相談支援事業者の運営が成り立ちやすい予算を国が考えなければ、指定特

定相談支援事業者は増えていかないということです。増えていけば、利用する側が事業所を選べるようになるのです。それは、制度の課題として声を挙げるべきであると思っています。目的や目標があり、それを達成するためにプログラムがあります。これは、何事にも共通していると思います。計画相談支援においても、過程であるプログラムだけが独り歩きしていないか、再度問い返すべきであると感じています。

計画相談支援は、あくまでも本人の暮らしに対するニーズが中心になければなりません。したがって、相談支援専門員は、計画を立てる時に、「誰のための何のための計画であるか」を常に問いかける必要があります。しかし、指定特定相談支援事業者は一人職場が多く見受けられます。だからこそ、相談支援専門員が自分自身を問い直せる機会としての研修が求められるし、同じ仕事をする人とのネットワークが重要になってきます。

サービス受給者証の発行のためだけの「計画相談支援」にならないためにも、相談支援専門員は常に襟を正し、時には助けを求めてください。決して一人でできる仕事ではないのです。自らのネットワークをしっかりと築いてください。そのことは第4章でふれていきたいと思います。

4　旗振り役の自立支援協議会

（1）ケースワークとソーシャルワークはつながっている

その人らしく生きる権利を常に真摯に考える

ケースワークとは、個人の課題や問題を支援者が勝手に解決するのではなく、支援者が専門性をもって真のニーズを見極めて、障害当事者自身がもつ生きる力を最大限に高めることであると考えています。

長年相談業務に携わっていると、いろいろな相談を受けます。

人によって、性格も障害種別も生活環境も成育歴はもちろんそれぞれに違います。また、問題はこんな形で現れます。

・経済的な不安
・障害受容の問題や孤独
・物質的な環境や心理的な環境
・家族の理解や病気や障害の症状が安定しないこと

その他、時には虐待など、様々な形で問題が現れることもあります。それが障害当事者だけではなく、身近な家族にも表出することがあります。

こうして書き出してみると、問題は相談者一人ひとり違って見えますが、その根っこには「その人らしく生きること」が大きく関係しているように思えるのです。

それは、障害があるなしにかかわらず、人間が生きて行くうえでの命題のようなものかもしれません。しかし、障害があるが故に、その人らしく生きていくことが阻害されているならば、それは本人の努力だけでは改善できないことではないでしょうか。そして、障害があるから阻害されている、ということにすら気づけない環境にある人もいることを忘れてはいけません。だからこそ、障害者支援に携わる者は「その人がその人らしく生きる権利」について常に真摯に考えるよう、自分を自分で律する力が必要であると感じています。

その中心にあるのは、本人が「どのように生きたいと望んでいるのか」なのです。

これまで述べてきたように、相談支援専門員が一人でケースワークを行えるものではありません。ケースワークは通所先や入所先職員、ヘルパーや訪問看護や医療従事者、行政機関や社会福祉協議会、その他福祉関連行政、学校関連、地域住民や様々な事業者など、多くの地域を構成する関係機関や社会資源が相談内容に応じて絡み合い協力してなされるものです。その中心にあるのが、本人が「どのように生きたいと望んでいるのか」なのです。

ケースワークを行う中で見えてくる「残された課題」について今までもお話してきましたが、その「残された課題」を、その地域で同じ今を暮らす人も同様に抱えているとしたら、それは「地域課題」となるのです。そしてそれは、自立支援協議会で話し合われます。自立支援協議会は地域の福祉関連事業所や教育、行政、障害当事者、学識経験者などで構成されます。そこで中心になって自立支援協議会を動かしていく人材が必要です。私の地域では自立支援協議会事務局には、福祉行政機関と自治体から委託を受けている「障害者相談支援事業」の「ソーシャルワーカー」が配置されています。私の地域では「地域コーディネーター」という呼び方をしています。その名の通り、地域課題から地域の新たな社会資源を発掘し、創造する役割を担っています。そのためには、そのもととなる「残された課題」が見えていないと、いくら社会資源を創設したとしても「地域課題」からずれたものになってしまうからです。

また、「残された課題」を計画相談支援や福祉現場からいくら吸い上げても、新たな社会資源につながらなければ無意味なことと諦めてしまうこととなるでしょう。

ソーシャルワーカーは、その役割を果たすために地域の社会資源を知ることが必要とされます。

そして社会福祉の動向や地域の現状を知ることで、「地域課題」を解消する手がかりを探る旗振り役として期待されています。

また、「地域の課題」のもととなる「残された課題」という社会資源の種を、福祉現場の人が集めてくる必要があります。だから、ケースワークとソーシャルワークはつながっていなければいけないのです。

ただ、新しい社会資源を創設するにはとても時間がかかります。誰もが人任せにせず、「残された課題」という種をあたたかく育てていけるネットワーク作りが大切になってきます。

そこで、自立支援協議会というネットワークが、時代の波に応じて柔軟に対応できるように育っていかなければならないのです。

(2) 一人ひとりの願いから生まれる課題への取り組み

制度だけでは安心につながらない

国の方針で、地域で暮らすことを目指して新たな入所施設をつくらなくなりました。グループホームやヘルパー事業所は増えていきましたが、まだまだ入所施設を必要としている人も多く、入所施設はどこも一杯で、空きがない状況が続いています。

介護者が介護できない状況になった時や、介護者のレスパイトなど、一時的に入所施設を利用することを「短期入所」と言いますが、その短期入所の枠もほぼいっぱいで、日にちを指定して予約を取ろうとしても、なかなか思うように予約がとれないのが私の地域の現状です。

私の地域には、昭和の時代からある入所施設が数か所集まっています。その地域でも「短期入所」がどこも利用できない時があるのです。

知的障害の息子と二人暮らしをしている母親がいます。母親の持病が悪化して入院を勧められているのですが、短期入所先に予約がとれず、入院を諦めたという話を聞きました。

また、普段から予約が取りにくい現状を案じて、彼女はこう言います。「自分に何かあったら、この子は本当に施設に入れるのか心配だ」と。まさしく「この子より一日だけ長生きしたい」という親の心境です。こうした現実を目の当たりにすると、制度が整って看板だけあっても、利用できなければ「安心」にはつながらないのではないか、という思いに駆られます。

緊急入所施設をもちまわりで

自立支援協議会の地域コーディネーターは、入所施設の多い地域柄を活かして、入所施設の責任者や現場の意見を取り入れて、どうやってこの課題を解決したらよいのか話し合いを重ねました。入所施設側も切羽詰まった短期入所の依頼を断ることは非常につらい作業であると言いました。

お互いの入所施設の現状を把握しながら、地域からの声を重ねて答えを探っていくのですが、その結果、一か月ごとにもちまわりの緊急短期入所施設を当番制にすることとなったのです。その時の施設の状況にもよりますが、三泊四日は保障するという内容でした。そうすることにより、緊急の居場所として、三日あれば次に打つ手を行政も交え考えることができることになりました。このように、話し合いを重ねることで、それぞれが大きな負担にならない範囲でもち出しの支援を検討し、新しい社会資源が生まれてくるのです。それを意図的に仕掛けていくのが旗振り役である自立支援協議会であると思っています。

緊急時利用のために一泊でも利用をしておく

同居している介護者が、急な入院や最悪の場合は死去するという事態を想像すると、介護者側も不安だと思います。行ったこともない場所に急に送られて、まったく知らない人と集団生活を余儀なくされる障害当事者もたまったものではありません。その声は重度の知的障害がある人からはなかなか言葉では教えていただけませんが、不安でしかたがないことと思います。そのため、パニックになったり、食事がとれなかったり、自傷行為がはげしくなったりする方がいても不思議ではありません。

短期入所を受け入れる入所施設にとっても、介護者の緊急入院などとなると、詳しい情報がないままに二四時間の生活を支援することとなるのです。いつも人手に余裕があるわけではありませんし、そこで三六五日生活をしている入所者の方の生活支援も行わなければなりません。すると、短期入所の支援の枠を超えてまで、個人情報が曖昧な方を責任もって施設で支援できるかということに、入所施設の職員も直面させられるのです。

そのことから、日頃から短期入所施設を見学に行く、契約をしておく、空きがある時に一泊でよいので利用しておくことが、誰もが安心できることにつながるのではないか、ということが見えてきました。

入所施設の職員は生活支援のプロですから、家族と離れた本人の姿をしっかりとアセスメントしてくれます。そして記録が残ります。利用する前にアセスメントされると、家族から見た本人と違う姿が見えてくることもあります。

そこで、チャンスがあれば、緊急時の不安をもたれている人には、短期入所の予約がとれる経験をしていただくことをお勧めしています。

入所施設は終の棲家だけではなく、通過施設として家族から離れて自立するための役割もあってよいと私は考えています。夜間の様子をアセスメントする社会資源として力を発揮できるように、短期入所や入所施設制度自体を見直していく必要がありそうです。この問題は地域だけでは解決できない課題として、自立支援協議会に挙がっています。

その課題は、障害者入所施設で暮らす介護が必要な高齢障害者にとって、適切な介護が障害者入所施設で行われるのか、生活の場として建設された建物で、老朽化している施設も多く、適切な介護環境であるとは言い難いハード面の問題を、職員の思いだけでカバーするのは困難であるという新たな課題とともに、検討されていく体制が整いつつあります。本人や家族の安心した暮らしのために、スムーズに介護保険施設への移行が図れないか模索していく予定です。

自立支援協議会は挙がってきた課題を整理し、積極的に行政の福祉計画に提言していく使命があると考えています。そこにケースワークから吸い上げた課題を埋没させず、予算を獲得し、実現できる社会資源が生まれてくることを切に期待しています。

厚生労働省は、これからは「共生社会」を目指していくと指針を出しています。障害福祉サービスだけではなく、「地域」で様々な機関がつながり話し合って「地域課題」に取り組むことが今後は必要となってくるでしょう。

縦割りの制度の壁を越えて地域でつながる「つながり」は、意図的に旗を揚げ、風を読み、先導するリーダーとその地域を大切に考える人々のつながりによって実現すると強く感じています。

第4章

バーンアウトしないための私の原動力と支え

支援者もまた、社会資源です。
その支援者がつぶれないために何が必要か、
私の経験をお伝えしながら考えたいと思います。

1 「支援者」もまた支援を必要としている

「甘える」「頼る」ことの大切さ

これまで私が出会ってきた方々の人生を通して教えられたことを書いてきましたが、本章では視点を変え、私がこの仕事を長年続けることができた理由をお伝えしたいと思います。

相談する場所に、楽しいことを話しに来られる方は稀です。ほとんどの方が思い悩んでいることや困っていることを相談しにきますから、相談業務に携わっている人は「それ相当のメンタルの強さが必要だろう」と周りからよく思われます。しかし、私はそんなに強い人間でもありません。

仕事で行き詰まったり、思い悩むことが続くと、自宅に帰っても気分が切り替わらないことがあります。自分の無力さに、自分自身が最低の人間のように思えるほど落ち込むこともあります。そして、障害があるというだけで人権が守られないという理不尽な場面に出会い、苛立ちや怒りを感じることもあります。そんな時は、食事ものどを通らなかったり、やけ食いのように食べてみたりもします。

支援者とはいえ、普通の人間です。社会福祉士や相談員として技術と知識と情熱をもって仕事はしていても、心が疲れることや折れそうになることはあるのです。

だからこそ、支援者にも支援は必要です。そのために、本章で後述するスーパービジョンや研修などが必要なのだと思います。しかし、その前に、「甘える」「頼る」ことができることがいかに大切なことかと私自身の経験から思います。

「甘える」「頼る」ことは、仕事をして行く上で大切な技術であると私は思っています。それが、誰にでもいつも、となっては周囲が困るでしょう。だから、自分がピンチだと感じる時に、誰に、どのように「甘え」「頼る」のかを知ることが大切です。

そのためにも、自分を客観的に見て知っておくことです。それが、自分の「ピンチ」を知ることになると思います。

できない自分を認め、助けを求める

私の性格は、どちらかというと完璧主義で、物事を真正面から「理」で説くタイプです。良く言えば正義感と責任感が強く、まっすぐな性格です。しかし、一方では融通の利かないカチコチの石頭でもあります。それは、時には良薬ともなりますが、場合によれば毒ともなる、といったところでしょうか。

この性格に気づくことができたのは、私のことを理解してくれている家族や同僚、親友のおかげです。あなたも自分自身のことを客観的に語ってみてください。自分自身のことは意外とわかっていなかったりするものです。そして「自分が思っている自分」と、「周りがあなたを見ている自分」とは、多少ずれていたりもするものです。そのズレを知ることは、自分をさらに深めることになりますから、是非チャレンジしてみてください。

実は、私は自分自身を周りが思うほど完璧主義な人間だとは思っていませんでした。いい加減なところや中途半端な部分もあったからです。その反面、次のように強く考えていました。

・給与をもらって仕事としてやっている限り、責任を果たさなければいけない。
・仕事で同僚に迷惑をかけてはいけない。
・自分がやらなければいけない。

ですから、その責任を果たさない人が許せず、曲がったことが呑み込めず、周囲とぶつかることもありました。自分の周りにそのような同僚や先輩がいたら息が詰まりそうです。

二二歳から三九歳までそうやって走り続けてきたように思います。しかし四〇歳で子どもに恵まれ、すぐに安静を強いられ、産休も含め、仕事を一年半近く休まなければなりませんでした。その時も、職場に穴をあける自分が許せなくて随分葛藤しました。そして、復職してから子育てと相談業務の両立を続けていく中で「私でないとダメな仕事なんてないんだ」と思えるようになったのです。すると、おのずと仕事と家事に優先順位をつけることができるようになりました。

こうして同僚や上司に助けてもらい、助けてもらうことに感謝する気持ちを忘れないことが大切であると気づけたのです。そのことに気づけたのは、夫と子どもの存在が大きかったと思います。

子育てと慣れない制度の中、相談支援を仕事とするのは大変でしたが、そんな時、夫にこう言われたことがありました。

「あなたは完璧を求めすぎている。何かを諦めることも必要だ」と。

自分では当たり前のように必死に仕事と母親をしているつもりでしたが、張り詰めている時には自分ではわからないものだと思い知らされました。その必死さが家族には息苦しく感じたこともあったのだと思います。できないことを悔い、自分を責めても何も始まらず、自分自身でピンチを作り出すだけだったのです。食事が簡単なものになったり、洗濯が翌朝になったり、掃除が一週間できなくなったりしました。けれども、夫も子どもも文句を言いませんでした。夫は「母さん仕事もがんばってるんだから」と言い、娘はたどたどしい言葉で「まあいいっか」とほほ笑んでくれたのです。

自分が家族に許されることで、私は「甘える」ことができるようになりました。この経験が、自分の仕事のしかたにも生かされていると感じています。今でも時々落ち込みますが、自分をただ責任感だけで責めるのではなく、できない自分も認めていくことができるようになりました。そうすることで、一人でできない時は助けを求められるようになるのです。私の場合は自分を責めだしたら「ピンチ」です。その時は、自分を客観視してくれる人に相談することにしています。

あなたも早く「ピンチ」に気づき、うまく人に甘えて頼ってください。

支援者も完璧ではありません。支援者もまた支援が必要な存在なのです。そして、支援者もまた大切な社会資源の一つなのです。

2 スーパービジョンとピアスーパービジョン

（1）スーパービジョン

対人援助の質を高めるために

スーパービジョンというのは、対人支援を行う者に対して、その専門的実践を高めるために、指導・調整・教育・評価する立場にある管理運営者が行うものです。その役割には教育的機能・指示的機能・管理的機能があり、精神的支援の役割も重要とされています（なお、他機関の専門性のある人に助言をもらう場合は「コンサルテーション」となります）。

スーパービジョンを行う人を「スーパーバイザー」と呼び、受ける人を「スーパーバイジー」と呼びます。スーパーバイザーとスーパーバイジーの間には信頼関係が必要とされています。スーパービジョンを受けることで、スーパーバイジーは専門家として成熟をはかり、スーパーバイザーはスーパービジョンを行うことで、その職場での対人援助の質を高め、その職場の理念に沿った支援を対象者に提供します。

しかし、日本の福祉業界ではなかなか「スーパービジョン」がうまく行われていないように見受けられます。その現状を打破するには、質の高い「スーパーバイザー」を育てなければならないと気づき、現在その養成を目的とした研修会や勉強会が全国的に行われています。

スーパービジョンが自分を成長させ、適切な支援を生む

スーパーバイザーには高い専門性と指導力と人を育てる力が求められます。それには、スーパーバイジーが担当する事例をもとに叱咤激励したり、課題の指摘、援助技術の理屈を伝えるだけではなく、スーパーバイジーとの信頼関係の上に共感し、スーパーバイジー自身が課題に気づき、前へ進む力へとつながらなければなりません。そのような役割を担うには、支援経験が豊富で、スーパーバイザー自身も「スーパービジョン」を受けて育った経験が必要だと思います。しかし、今の管理運営者世代が若い頃には「スーパービジョン」という概念は福祉には根付いていませんでした。そのため、今も当然のこととして普及しているとは言い難いのだと私は思っています。

それにもまして、今や福祉業界は人手不足が蔓延しており、若い人が就職してきても長続きし

ない傾向があります。そうなると、サービスの質を問う間もなく、最低人数の確保が優先課題になり、質より量をまず優先してしまう、というのが現状です。

若い世代と管理職世代の時代間ギャップは、いつの時代でもあることです。私たちは「バブル世代」とか「新人類」などと呼ばれました。今はその「バブル世代」が「ゆとり世代」との間にギャップを感じています。働き方も、終身雇用から転職、派遣などと変わり、管理運営する側も「辞められては困る」と、教育的なことを言えなくなっていると耳に挟むこともあります。

スーパーバイジー側が事例検討会などに参加しても、「責められたら困る」「怒られたらどうしよう」「間違っていたらかっこ悪い」という理由で「事例発表」を希望する人が少なくなってきているようです。私は「事例発表」は自分のためではなく、ケースワークで自分では気づけないところを知る良い機会であると考えています。事例検討の場は、発表者をつるしあげる場ではありませんし、非難、評価する場でもないのです。だから、おびえる前に、自分が相談支援をしている人に対して「仕事」として最善の支援が提供できている、と言える自信がなければ、スーパービジョンや事例検討会をどんどん取り入れて、自分が成長することが必要だと考えてほしいと思います。

福祉職に希望してきた人には、責任感が強く、まじめなタイプの人が多いのですが、その分、理想と現実のはざまで葛藤することもあるはずです。また、うまく支援ネットワークが作れず、一対一の対人援助で息詰まる時や、逃げ場がないこともあるでしょう。そんな時には、すぐそばにいる信頼できる先輩に声をかけてみてください。

それはあなたの助けとなり、助けられたことがある人は、その経験を次につなぐことができるでしょう。それが、あなたがこれから出会う人への適切な支援へとつながるのです。

(2) ピアスーパービジョン

同僚同士でできるスーパービジョン

スーパービジョンが大切な機能であるのは確かです。しかし、残念ながらスーパービジョンができるほど、職員間に経験の差がない職場が多かったり、少人数で運営されている相談支援事業者が多いのが現状です。そのような職場環境で有効なのが「ピアスーパービジョン」です。「ピアスーパービジョン」では、職場の同僚同士でスーパーバイザー役とスーパーバイジー役になって行います。役割は事例により入れ替わります。

私の職場でも、もっぱら「ピアスーパービジョン」が行われています。私は、この機能があるから、今もこの仕事が続けられていると思います。具体的に私の職場で行われている「ピアスーパービジョン」をここでお話ししたいと思います。

ピアスーパービジョンの例

相談支援の仕事に就いて一年目の女性職員が訪問して帰ってきた時を想定してください。彼女はうつむきがちに席に着いて何も話しません。いつもは「ただいま」と元気に帰ってくるのですが。もうここで「あれっ」と経験年数の長い職員は気づきます。

「今日の訪問どうだった?」とそっと声をかけます。普段からの信頼関係があるから、その一言で、もう新人職員は泣き出してしまいました。

その職員は、訪問先で質問されたことにほとんど答えられなかったのです。そんな自分が嫌になったと語りました。せっかく相談してくれたのに、答えられない自分が相手をイライラさせてしまって悔しい、と涙しています。

そこで、同僚同士で「自分に腹が立ったのね」「役に立てなくて悔しかったのね」と新人職員の気持ちを整理して新人職員に伝えていきます。本人の気持ちを受け止めて伝え返すだけですが、そうすることで、波打っていた気持ちが自然と落ち着いていくものです。自分の気持ちを受け入れられることで感情の波が落ち着き、冷静になることができるのです。

新人職員は「そうか、私すぐに役に立てなくて悔しかったんだ」。そして、「相談してくれる人の気持ちに共感しているのに、具体的な手立てや制度をすぐに説明できない自分が悔しかった」ことに気づいていきました。

ここまでくると、次にとるべき行動は自分で決めることができます。「制度をもっと勉強します」と。

そして、先輩職員はこう付け加えます。「わからないことがあってもいいよ。でも、すぐに調べて伝えるといいよ。わからないことに出会った時に、ドキドキして自信のない態度をすると、相談する側も不安になるから、自信をもって『調べてすぐ連絡します』と笑顔で伝えてみて」と。

「ピアスーパービジョン」はこんな感じで進展していきます。

客観的意見が視野を広げてくれる

私も「本当にこの支援でよいのか」と迷うことは日常茶飯事です。そんな時、「ねえねえ、聴いてくれる?」と同僚に相談します。

まだ障害者虐待防止法がない時のことです。金銭虐待を繰り返す息子から、障害のある母親の生活をどう守るか悩んでいる時に、同僚に話を聞いてもらったところ「息子は何に困っているのかなあ」と返事が返ってきました。わたしはその一言に「はっ」としました。私は息子が「悪」であると決めつけて、母親の生活を「守る」ことしか考えていなかったからです。息子の困り感など目にも入っていませんでした。このように、客観的な意見をもらうことは、自分の視野を広げることにつながります。

それから息子の話を聞き、息子がお金に困っている理由がわかりました。その後、息子は世帯から独立し、生活保護を一時的に受けることができ、母親の障害年金に手をつけることはなくなりました。

こうしたことも、「ピアスーパービジョン」を通じて可能になったと思います。

同じ経験をもつ横のつながりが支えになる

現場では、自分より若い人からも気づかされることがあります。

ある日、非常に攻撃的な電話を受けながら、丁寧に対応する職員がいました。電話を切ってから、彼女に「長時間お疲れ様」と声をかけると、こう言われました。

「さっきの電話の人、しんどいでしょうね。すべてのことに不満があるように聞こえました。誰も信じられないみたい。どんなことが今まであったんでしょうかね」と。

私は、彼女が素晴らしいと思いました。自分が攻撃されるような電話を長時間受けたら、人間、腹の一つも立てるのが通常だと思うのですが、彼女は相談者の声の裏にある苦悩を聞き取っていたのです。私も彼女のような冷静さと感受性をいつまでも保ちたいという思いになりました。これも、「ピアスーパービジョン」を通じて得た成果だと思います。

相談支援の現場では、相談者対支援者という一対一で相談を受ける場面が多くあります。ですから、支援者側の思い込みや偏った見方をしてしまうこともあるのです。スーパービジョンも大切ですが、同じような経験をもつ横のつながりが、年齢や経験年数を超えて大きな支えになります。

これは、現場を共有し、同じような経験をもつ者同士だからできる「ピアスーパービジョン」の利点だと思います。ささいなことでも話し合え、気づきあえる同僚同士のつながりは、その職場が提供する支援の質に直結すると思っています。

3 コンサルテーションの力

（1）研修に参加し、自分のネットワークを広げていく

問題解決に有効なコンサルテーションシステム

職場内で行われるスーパービジョンやピアスーパービジョンに対して、外部の異なる専門性をもつ者と、支援対象の問題点についてよりよい支援の在り方を話し合うプロセスを、コンサルテーションと言います。自らの専門性をもって他の専門家を援助する者を「コンサルタント」といい、援助を受けるものを「コンサルティ」と呼びます。

私が勤めている相談支援事業所には「専門職派遣」というとてもよいコンサルテーションシステムがあります。それは、相談業務において、より専門性の高い問題に直面した時に、コンサル

テーションを目的に専門職の方を派遣してもらえるシステムです。

このシステムにより、借金問題がからみ、その問題が解決しないと何も次に進まないといったケースで、法律の専門家に助言を求めることができました。

また、支援者が精神的に滅入るような出来事があった時は、精神保健福祉士の派遣を依頼して、支援者の精神的ケアを行ったこともありました。

様々な生活上の問題について、それぞれの専門性を身に着けていればよいのですが、必ずしもそうとはかぎりません。また、相談は待ったなしでやってきます。だからこそ、それぞれの道の専門家に助けを求めることが大切なのです。その助言を受けて、必要であれば、相談者を必要な専門機関に紹介し、つなげていきます。そうすることで、支援者自身もまた知識を得ることができ、それを新たな相談者に還元することができるのです。

事例検討で他者の力を借りる

私は「コンサルテーション」を求めて「事例検討」を基本に行う勉強会に月一回参加しています。その勉強会には「発達障害」「臨床心理」の専門家が「コンサルタント」として知識を提供してくれます。私はその勉強会の「コンサルタント」を勝手に「師匠」だと思っています。「弟子にした覚えはない」と言われてしまいそうですが。

勉強会には事例検討に必要な資料を準備するのですが、その準備の段階から「コンサルテーション」は始まっています。そうすることで、その事例の何が問題なのか、自分が何で戸惑っているのかが整理されていきます。初めの頃は、その段階で、自分が相談者から話を聞けていない、と困ることもありました。

事例検討の場でも、自分が困っていることばかりで、相談者がどうなりたいと願っているのか、支援者である自分が相談者にどうなってほしいと願っているのかが見えていないことに、よく気づかされました。

しかし、そうした経験を積むことで、ケースワークの手法や、障害についてのより詳しい専門性や連携をとるべき機関など、いろいろな助言を受けることができました。そして、そこから自分自身のネットワークが広がっていったのです。何より、「師匠」の専門性の高さに感服し、「自分も勉強しなければ」と毎回奮起させられるのです。

事例検討は今抱えている相談者の問題を明確にし、支援の手立てを考えていくためのものです。支援者自身が戸惑ってわからないままにしておくことは、厳しいようですが「支援放棄」であると思うのです。支援者として給与をもらっているのであれば、「プロ」です。その「プロ」としての責任を果たすために、自分自身だけでは支援方針が定まらないのであれば、他者の意見を聞き、今後の支援方針への助言をヒントに手立てを考えていく必要があるのです。そのために、貪欲に他者の助けを借りればよいのだと思います。

研修会に参加する

もう一人、私の恩人でもある精神保健福祉士の先生とは、ある研修会で出会いました。先生は、その研修会で精神障害者の支援について熱く語っていました。とても芯が強いながらも、やさしく温かい口調は、私の心をほぐしてくれました。

虜になった私は、研修会が終了してから先生のもとへ駆けつけて質問しました。

それから先生の研修会や講演会があればできる限り参加しました。そして実際の相談場面でも「先生ならこんな時どうするだろう」と考えるようになりました。

数ある研修会や講演会の中で、「この人」と思う人に出会うことがあるのです。その時はくらいついて、その人から学んでいけばいいのではないかと思います。そんな人に出会うためにも、「研修」はとても大切です。自分自身を振り返り、見つめなおすチャンスです。そして、その研修会での講師や参加者同士の出会いから、新たなネットワークにつながるかもしれません。

この研修会で出会った先生が、私が大きな挫折をしたときに私の社会的生命を救ってくれることになるのです。

現状に文句を言いながら、差し伸べられる手を待ち望んでいるだけでなく、自らが動くことで、自身の支援ネットワークを構築していくことが大切です。

（2）私を支えた言葉

いざという時に力を貸してくれる人がどれだけいるか

私が三〇年間も福祉の仕事が続けられたのは、多くの人からいただいた「言葉」があったからです。その私が大切にしている「言葉」をここでお伝えしたいと思います。

働き始めてすぐに担当した、母と二人の息子の三人暮らしの母子家庭がありました。

当時、弟の家庭内暴力が激しい時期にあり、母にも身体障害がありました。吐き出しようのない怒りを壁やドアにぶつける弟に、母と知的障害のある兄は嵐が過ぎ去るのを震えながら待つしかない日々を過ごしていました。ある夏の夜、私の自宅の電話が鳴りました。「息子が暴れているので助けて」と。母からの電話でした。男性職員とともに自宅に駆け付けた私は、なすすべもなく、警察に電話をしました。足元が震える思いでした。

弟が何に怒り、悲しみ暴れているのかもわからず、おびえる母子を安心できる場所に避難させることもできず、自分の無力を思い知らされました。この時、行政を定年し、社会福祉法人の施設長をされていた方から頂いた言葉です。

「人を支援するということは、一人の力ではできない。だから人脈が命だ。困った時に助けてくれるいろんな専門家と知り合って、いざという時に力を貸してくれる仲間がどれだけいるかが支援者の命である」

その後、児童相談所に弟のことを相談して弟の支援をお願いし、行政の知的障害担当と世帯の生活保護担当に、今起きている問題を伝えることができました。「助けて」と言われて自宅に駆け付けても何もできない私ですが、各関係機関の専門家とつながれることを知ることができました。「連携の力」を知ることができたのです。

それ以後、それぞれの機関の方と面識がもて、次の問題にも「顔」が利く関係がもてるようになってきました。まさしく「人脈」が年を重ねるごとに広がっていったのです。

支援者としてのテクニックをもつ

知的障害者の通所施設で働いていた時のことです。五〇人の施設利用者に対して、八人の職員が六～七名の担当者をもちます。私はいつも自分の担当者七人に常に気を配ることができず、慌てていました。そんな時に、長年児童養護施設の施設長をしてこられた方から頂いた言葉です。

「絶対なる偏愛」

これは、七人全員に常に気を配ることは無理であるという結論の上に成り立っていました。支援者として開き直るのではなく、テクニックが必要である、という意味です。一人ひとりに「自分は見てもらえている。愛されている」という思いをもってもらうことが必要であるというのです。どうしても今注目しなければならない課題を抱えている利用者に力が偏るのはしかたがないのですが、そんな時でも、他の利用者が安心して過ごせることが、プロであるという意味です。

この言葉は、現在の相談支援で、多くの方の相談に応じていく中でも息づいています。

仕事と子育ての両立

高齢出産した私は仕事を続けることに迷いがありました。事情があって両親の手助けも借りずに、夫と二人で子どもを育てながら相談支援という仕事をしていくことには、子育ても仕事も中途半端になる不安がありました。そんな時に、初めて子どもを預けた赤ちゃんホームの先生から言われた言葉です。

「子どもは働くあなたの背中を見て育つのよ。あなたが自分の仕事に自信をもって」

この言葉から、私に迷いがあると、それは子どもの不安につながるということを教えていただきました。

私が仕事をすることに迷わないためにも、子どもが体調を崩した時や、保育園の行事など、仕事よりも子どもを優先することに徹しました。

その分、同僚には言葉で感謝を伝え、できることは精一杯やる、と決めることができました。そのおかげで、子どもが一〇歳の時に「仕事している母さんがかっこいいよ」と言ってもらえるようになりました。子どもの協力もあって、もちろん夫の助けもあって、今の仕事が続けられていると感謝しています。

親切の連鎖を広げる

私が長期入院した時のことです。ちょうどその時期に父も体調を崩し、母は父の介護をしなければならず、自宅から遠く離れた場所に入院した私は頼る人がいない状態でした。そんな時に出会った一人の年配の男性入院患者に、とても親切にしてもらいました。その土地の入退院の風習を教えてもらったり、手術前の気持ちを落ち着かせてもらったりするなど、とても助けていただきました。その方に退院前にどうしてもお礼がしたいと伝えたところ、こう言われたのです。

「私への感謝の気持ちを、次に出会う困っている人に、私への感謝を伝えるつもりで親切にしてあげてください。あなたから『親切』の連鎖を広げてください」

私はその言葉に感動しました。退院し、復職した私は、すぐに研修で出会った一人で心細そうな人に、躊躇なく声をかけることができました。その人は九州の方でしたが、そのご縁で結婚式までご招待いただきました。

一人ひとりが感謝の気持ちをもって、次に出会う人に「親切」にできたら、素敵な社会になると思いませんか。

あなたが大事

私がこの仕事を続ける意味は「誰もが暮らしやすい社会」の実現と、「この子より一日でも長生きしたい」と親が願わなくてよい社会の実現です。

ところが、大きな課題があるとわかっていたのに、つい忙しさに甘んじて「来月に訪問しよう」と思っていた矢先に、取り返しのつかない事態に至った事例がありました。詳細はここでは書けませんが、「私にはこの仕事を続ける意味がない」と思い悩みました。夜も眠れず、食事も摂れないのです。どんなに同僚が慰めてくれても耳に届きません。完全に自己否定に陥りました。

そんな時に、同僚が私が信頼する精神保健福祉士の先生を職場に呼んで、振り返りのカンファレンスをしてくれました。その時の先生から頂いた言葉に支えられました。

「あなたに会いに来たよ」

そっと肩を抱いて囁くように言ってくれたのです。先生は私の母と同年代の背の小さな女性でしたが、とても大きな翼に抱かれるような温かさを感じました。涙が止まらず、その涙が自己否定のとげを少しずつ取り去ってくれたのです。私の社会的生命の恩人です。この出会いがなければ、この仕事を辞めていたかもしれません。本当に苦しい時に、まるで母のようにすべてを受け止めておくってくれた「あなたが大事、あなたが心配よ」というメッセージが、乾いた私の心を満たしてくれたのです。その二年後に先生は他界されましたが、苦しいとき、思い悩んだときに「先生ならどうする?」と自問自答します。私の中に先生は生き続けてくれています。

そしていつも私を支えてくれているのは夫です。子育ても仕事の面でも家事でも、私の両親のこともすべて私を包んで見守って支えてくれているのは夫です。普段は気の利いた言葉も言わない夫ですが、私がどん底に落ちていると、私を気が済むまで泣かせてくれます。そして私のことを全面的に頼ってくれる子どもからもパワーをもらっています。「あなたのことが大切」という、言葉ではないメッセージを家族から受け取れる幸せが私の支えなのです。

4 相談者からの贈り物

信じてくれてありがとう

相談支援という仕事の喜びは、何よりも、相談者が生き生きと自分の歩みたい人生や暮らしを実現していく姿にあると思います。「ありがとう」と感謝されることもありがたいことですが、それよりも、自己実現していく姿そのものに勇気づけられ、自分の力を高めることができることです。まさしく私がエンパワメントされるのです。

私はある五〇代の男性Oさんと入所施設で出会いました。Oさんは高校を卒業して新聞配達などのアルバイトをしながら、母と二人で三〇代まで暮らしてきました。なかなか定職に就けず、日々お酒の量が増えていったようです。母が亡くなり、当時の知的障害者入所施設で暮らすようになりました。そして二〇年近くが経過していました。Oさんの夢は「コンビニが近くにあるところで暮らしたい」でした。

しかし、入所施設の職員は、Oさんが一人で外出してアルコールを飲んで倒れてしまうことがあるので（数年に一回あるかないかですが）、地域で暮らすことをとても心配していました。入所施設職員の心配も理解できますが、支援者の「安心」のためにOさんの望みをあきらめるわけにはいきません。

その後、入所施設から遠く離れた街中のグループホームで体験宿泊を繰り返し、グループホームに入居することとなりました。その間二年が経過しています。そして、グループホームで暮らすようになったOさんから、こんなメッセージがとどきました。

「もう入所施設から出られないと思っていた。お酒のこと信じてくれてありがとう」と。

今ではお気に入りのコンビニに通所施設の帰りに立ち寄ることが楽しみの一つです。大好きな演歌歌手のコンサートに行くためにお金を貯めている話や、日曜日に交通費をかけずに乗り物に乗って好きな場所に行く方法など、お会いすると教えてくれます。当たり前の日常のように思えるのですが、Oさんにとっては「夢」が叶ったのです。ある枠組みの中では発揮できなかったOさんの力が、花咲いているように見えます。その誇らしげな花を見ていることで、また私が頑張れるのです。

痩せたね。ご飯食べている？

知的障害と、精神障害があるPさんは一人暮らしの女性です。毎日のように電話をかけてきては、不安な気持ちを打ち明けてくれます。

電話が頻繁になってくると、電話の内容以外に困っていることがあるのではないかと、ご自宅に訪問します。そうすると、いつも第一声で「山下さん、痩せたね。ご飯食べている？」なんて言ってくれるのです。時には服装や髪形を褒めてくれたりします。いつも私のことを見てくれているのです。なんて優しい人なんだろうと気持ちがほっこりします。実際の体重は残念ながら減らないのですが。

Pさんはいつも細かなことで悩んでしまいます。でも、助けを求めることができる力をもっている方です。その助けの求め方が周囲の人の目には「同じことを何度も言ってくる」ややこしい人に映ることもあるのです。若い頃にはご自身に知的障害があることに気づくチャンスがなく、仕事も対人関係もうまくいかず、相談場所もなく、二次障害として発症した精神疾患が家族や身近な人々を巻き込み、その人たちに遠ざけられてしまいました。だから孤独だったのです。

そのことが理解できれば、まずはPさんが困っていることをしっかりと聴き取り、丁寧な説明をすることです。同じ話が繰り返される時は、説明が理解いただけていないというサインであることが多かったのです。

少しずつ支援者ネットワークを広げていき、Ｐさんの対人関係に自信をつけてもらうようにと支援していきました。Ｐさんが「お金はないけどね、お花を飾りたいと思うようになったの」と、とても素敵な笑顔を見せてくれました。

苦悩を越え、赤ちゃんを抱いたKさん

「母を殺す」と電話がありました。いったいどうなったんだと駆けつけると、精神障害の母親を自宅から締め出して、玄関で泣き崩れているＱさんがいました。Ｑさんの母親は若い頃から精神障害があり、Ｑさんは子どもの頃から親に認められたくて必死でした。しかし、それにもう疲れたというのです。Ｑさんも傷ついていました。行政も介入し、母と離れて暮らすことを勧めました。

そして数年後、赤ちゃんを抱いたＱさんが姿を見せてくれました。「母になって、母の気持ちがわかるような気がします。あの時助けてくれてありがとう」と。私は、Ｑさんに精神障害をもつ母に育てられる子どもの苦悩を教えられました。そして、それが家族連鎖しないように、子どもの心のケアが大切であることを、身をもってＱさんは私たちに教えてくれたのです。

教科書では学べない実際の暮らしの中に多くの課題があります。人は人の中で育ちます。私た

ち支援者と呼ばれる者は、相談者の実際の暮らしの中から多くを学び、その学びを社会に還元していくことが役割であると思います。私たち支援者は、相談者によって育てられ、癒されていることに気づかなければならないのです。

第5章

相談支援に必要な視点

この章では、これからの時代に求められる
相談支援の視点について考えてみたいと思います。

1 ソーシャルインクルージョン

地域共生社会とは

私が障害福祉の仕事に携わった平成元年から現在を振り返ると、福祉体系は変動を続けています。措置時代から契約へ、精神疾患患者から精神障害者に、身体、知的、精神の三障害に加え、発達障害や高次脳機能障害に難病と、福祉サービスの対象範囲も広がりました。

そしてケアマネジメントの概念が障害福祉分野にも導入され、それまで「介護」や「訓練」が現場で担われ、行政機関が「措置」や「相談」を主に担ってきた形態から、「相談支援」という分野があらたに生まれ「相談支援専門員」という役割が全国的に配置されていったのです。厚生労働省は障害福祉サービスを利用する人すべてに平成二四年から二七年までに「サービス利用等計画」の作成を実施することを、強く全国自治体に求めました。

そして、平成三〇年からは「地域共生社会」の実現を謳っています。

「地域共生社会」について厚生労働省は、次のように定義しています。

制度・分野ごとの『縦割り』や「支え手」「受け手」という関係を超えて、地域住民や地域の多様な主体が『我が事』として参画し、人と人、人と資源が世代や分野を超えて『丸ごと』つながることで、住民一人ひとりの暮らしと生きがい、地域をともに創っていく社会

また、地域共生社会を提案する背景として、次の五つをあげています。

1　かつて我が国では、地域の相互扶助や家族同士の助け合いなど、地域・家庭・職場といった人々の生活の様々な場面において、支え合いの機能が存在しました。社会保障制度は、これまで、社会の様々な変化が生じる過程において、地域や家庭が果たしてきた役割の一部を代替する必要性が高まったことに対応して、高齢者、障害者、子どもなどの対象者ごとに、また、生活に必要な機能ごとに、公的支援制度の整備と公的支援の充実が図られ、人々の暮らしを支えてきています。

2　しかし、我が国では、高齢化や人口減少が進み、地域・家庭・職場という人々の生活領域における支え合いの基盤が弱まってきています。暮らしにおける人と人とのつながりが弱まる中、これを再構築することで、人生における様々な困難に直面した場合でも、誰もが役割を持ち、

お互いが配慮し存在を認め合い、そして時に支え合うことで、孤立せずにその人らしい生活を送ることができるような社会としていくことが求められています。

3　また、人口減少の波は、多くの地域社会で社会経済の担い手の減少を招き、それを背景に、耕作放棄地や、空き家、商店街の空き店舗など、様々な課題が顕在化しています。地域社会の存続への危機感が生まれる中、人口減少を乗り越えていく上で、社会保障や産業などの領域を超えてつながり、地域社会全体を支えていくことが、これまでにも増して重要となっています。

4　さらに、対象者別・機能別に整備された公的支援についても、昨今、様々な分野の課題が絡み合って複雑化したり、個人や世帯単位で複数分野の課題を抱え、複合的な支援を必要とするといった状況がみられ、対応が困難なケースが浮き彫りとなっています。

5　「地域共生社会」とは、このような社会構造の変化や人々の暮らしの変化を踏まえ、制度・分野ごとの『縦割り』や「支え手」「受け手」という関係を超えて、地域住民や地域の多様な主体が参画し、人と人、人と資源が世代や分野を超えつながることで、住民一人ひとりの暮らしと生きがい、地域をともに創っていく社会を目指すものです。

（厚生労働省ホームページ「地域共生社会」の実現に向けてより）

現代社会の中には「社会的弱者の孤立」から生まれる問題が山積しているのが現状であると思います。いろいろな人が暮らしていることは理解しながらも、今の時代には「孤独死」「虐待」「引きこもり」「家庭内暴力」「ＤＶ」「親子心中」など、様々な問題のバックグラウンドに「地域からの孤立」という問題が見え隠れします。

共に支え合う仕組み

ＥＵやその加盟国で社会保障の再編をするにあたって用いられる概念に「ソーシャルインクルージョン」があります。それは社会的弱者を排除・孤立させるのではなく、「共に支え合う」仕組みをいいます。「社会的包括」と訳されています。

私が小学校を卒業する時に「サイン帳」にメッセージを書き合うことが流行していました。その最初のページを校長先生に緊張してお願いしたことをよく覚えています。そこには、
「君は君、僕は僕、でも仲良し」
という言葉が美しい文字で書かれていました。

小学六年生の私には、正直に言うと理解できませんでした。当時、あまりにも当たり前のことを、卒業にあたり校長先生がなぜメッセージとして書かれたのか、とても不思議な気持ちになったことを覚えています。障害福祉の仕事に就き、出会った方々から学ばせていただく中で、校長先生の言葉の意味が理解できるようになってきました。

私なりの理解は、「みんなが違う存在であり、違っていてよい。その前提で認め合うことが社

会に必要である」。まさしく「ソーシャルインクルージョン」の意味であると思います。

阪神淡路大震災での経験

平成七年の阪神淡路大震災の時には、私は知的障害者通所施設に勤務していました。自宅周辺は壊滅状態でしたが、職場周辺は比較的被害が少なく、仮設住宅が空き地に建ち並びました。仮設住宅はいわゆる社会的弱者から優先的に入居する形をとったので、仮設住宅は高齢者が非常に多い地域となったのです。そして「孤独死」が続き、全国からのボランティアが必死で支える状況がはじまります。

こうした周辺での大きな変化に対して、私たちの職場で話し合われたことがありました。「私たちはいつも支援をお願いしている側にいるが、私たちが今仮設住宅で暮らす人にできることはないのか」と。

そしてできたのが、神戸の街が元気になるような歌を作り、近くの高校や仮設住宅の方と一緒に歌い、ＣＤに収録して販売することでした。その売り上げを仮設住宅のボランティア活動費に寄付しようということになりました。結果、売上五〇万円をボランティア団体に寄付することができました。作詞を公募し、作曲や収録などはセミプロの音楽家にも協力を仰ぎ、三〇〇名以上でＣＤ収録をしました。

今まで支援を受ける側であった障害者施設や仮設住宅の住民が、ボランティアや地域の高校、音楽家や画家などの専門家とつながり、一つの物を作り出したのです。それは活動資金だけではなく、地域としてのつながりとともに苦難を乗り越えようとする力を生み出したのです。

縦割りから横のつながりへ

「共に支え合う」ということが、今後どのように社会の中で展開していくのか、具体的には今の私にはわかりません。悪く言えば、「少子高齢化で国の借金も多く、社会保障制度では賄いきれないので、行政だけを頼らずにご近所で助け合ってください」ともとれます。しかし方向性として、どの地域にも「社会的弱者」はいて当たり前であり、困ったことがあれば「お互い様」と言える社会環境がひろがれば、誰もが暮らしやすい社会になると思います。

これからは、縦割りの行政区での役割分担から「地域」という小集団の中で「福祉」が展開されて、障害分野や高齢者分野、子育て分野などと分かれず、相談の窓口も一本化されていくのだと思います。そして、「共生社会の実現」に向けて地域の課題に対応し、縦割りから横のつながりへと、意図的に仕組みを仕掛ける黒子的役割を担う人が必要であると思います。私たちケースワーカー、ソーシャルワーカーにも様々な課題に対して対応できるスキルと、ソーシャルインクルージョンの視点が求められているのだと思います。

2「つなぐ」という視点

地域のつながりが防災のカギ

私は昭和四〇年代に幼少期を過ごしていますが、私が育ったのは下町で長屋があり、近隣には金物屋、駄菓子屋、惣菜店、パン屋、うどん屋、ペンキ屋、自転車販売修理店、散髪屋に銭湯もありました。年齢層も様々で、三世代で暮らしている家も多くありました。玄関にカギをかけることもなく、子どもは学年層の違う集団があり、その中で年長者がリーダーとなり、幼い子も一緒に遊びました。当然悪いことをしたら近所の誰からも怒られました。ほとんど大人には自分がどこの誰の子どもであるかはばれていました。

このような環境では、兄弟が多くて親兄弟とそりが合わない子や、親に怒られて落ち込んでいる子は、近所のおじさんやおばさん、おじいちゃんやおばあちゃんが声をかけてくれます。自然と地域の中で親以外の「大人」を多く知ることになっていました。

「近所の眼があるから」と行動を規制されるという窮屈な面もありましたが、子どもが社会性を学ぶにはとてもよい環境であったと思います。

高齢者にとっても、やさしい地域でした。「買い物に出かけるけど何かいるものないの？」といろいろな人が一人暮らしのおばあさんの家に訪ねてから出かけていました。どこのおじいちゃんの具合が悪そうだとか、「あそこのおばあちゃんがクリーニング屋に何度も服を取りに行ってるみたいだけど大丈夫か」など、日常の生活の中で近隣の「社会的弱者」と言われる人の情報が飛び交っていたように思います。

その地域で平成七年、阪神淡路大震災に遭遇しました。そのような地域のつながりがあったので、どこの誰がいないのかすぐにわかりました。長屋が多い地域で、近所の家屋は総崩れ。ニュース映像でもよく放送されていたあの煙の中の町でした。三か月に及ぶ避難所暮らしも、大きなトラブルもなく助け合って過ごすことができました。

日本の多くの地域で「防災」が課題となり、「社会的弱者」と言われる人たちの「避難」が問題となっています。阪神淡路大震災から二三年が経ちましたが、その間にも地震大国日本は揺れ続け、各地で大きな被害を出しています。豪雨もしかりです。

阪神淡路大震災を教訓に防災に備えることは大切です。しかしどんな計画も準備も、その時が来たらまずは「地域のつながり」があるかないかでその力を発揮できるかどうかが決まると思います。災害時には行政や相談機関に情報があってもすべての人に手が回るわけではありません。

地域のつながりを作り出す黒子になる

しかし、「地域のつながり」は一夜にしてならずで、行政がいくら広報しても、住民一人ひとりが「つながる」ことを意識しなければ生み出せるものではないと思います。けれども、日常生活を過ごす中で「つながる」ことを意識して暮らす人が自然発生的に増えていくこともまた、ないでしょう。

ではどうすればよいのか。それには、意図的に「地域のつながり」を生み出す仕掛けを作る黒子的存在が必要であると考えています。それが「ソーシャルワーカー」の役割でもあると思います。

福祉現場に携わる立場として具体的にどのように考えていけばよいのかを、いくつか具体例を挙げてみます。

地域のつながりがない暮らし

長い間障害者入所支援施設で生活をしてきた人が、地域で一人暮らしを始めました。相談支援と施設職員と本人で地域生活に必要な支援を組み立てて実現していきましたが、暮らし始めて三か月後の振り返りで、本人の感想は「施設で暮らしているのと何も変わらない」というものでした。それは、施設職員が支援してきたことをヘルパーや日中活動という福祉サービスが行うというように枠組みが変わっただけで、地域との結びつきがなかったのです。福祉職関係者の自己満足になっていたり、親の安心が優先された支援になると、本人が望んでいる「地域での暮らし」がなおざりになることがあるのです。

「地域で暮らす」ということは、まさしく「地域とつながる」ことだと教えられました。

ゴミ屋敷の住人

「ゴミ屋敷」と地域から疎まれていた人がいたら、福祉や医療の専門職が介入し、その人の今までの人生の歩みから生きづらさの原因を解明して必要な支援を導入します。でもそれだけではなく、地域の中で本人がもつ力を発揮できる場へとつないでいく支援が必要なのです。そうすることで、地域の中でその人が地域住民としてまた暮らし始めることができます。福祉や医療関係者だけでは、その人が真に「地域で暮らす」という支援は完結できないのだと思います。

「ゴミ屋敷」と言われていた人が地域で元気に暮らすことで、地域もまた育っていくのです。

私が携わった事例では、社会福祉協議会の地域コーディネーターと連携し、自治会活動に誘い、活動に参加することで、「障害理解」や「地域啓蒙」という形で少しずつ地域が豊かになっていく様子がみえてきています。

福祉サービスへの抵抗

私が出会った重度の呼吸器障害があるRさんの願いから生まれた地域課題の取り組みをここでご紹介したいと思います。

Rさんは幼少期から肺の疾患はありましたが、負けず嫌いの頑張り屋で、高校を卒業してすぐに故郷を離れ、一人暮らしをしながら、二〇年にわたり会社で会計の仕事をしてきました。しかし、体調が悪くなることが続いて入院が重なり、退職を決意されたそうです。両親は他界しており、兄弟姉妹もなく、まったく身寄りがない状態でした。

病状の悪化に伴い、移動手段の車も手放し、経済的にも預貯金を切り崩す生活は、Rさんを心身ともに追い詰めていきました。そんな時に入院先の地域連携室のワーカーから私のいる相談支援事業所を紹介され、勇気をもって訪ねてくれたのです。

Rさんは仕事を辞めて生きがいをなくし、これから年を重ねて病状が悪化していく中、一人暮らしを続けることに不安がのしかかってくるような息苦しさを感じていました。

病院側からは「この先、単身生活は厳しい」と聞いていましたが、Rさんは入所施設での暮らしを希望されませんでした。そうして、これから安心して暮らせる方法をRさんと一緒に考えていくこととなりました。

待つ支援

しかし、私が提案できる福祉サービスを受けることに、Rさんは抵抗が強くありました。「私が人の支援を受けるなんて」。小さな声でつぶやいたのです。その言葉の意味は何通りもあるように思えました。二〇年も働いて一人で暮らしてきたRさんのプライドもあると感じましたし、病気の進行を受け止めがたい気持ちもあったでしょう。一人暮らしをするのに人の手を借りなければならないという現実を受け止めることは、つらい作業なのです。また、知らない人が自宅に入ってきて掃除や調理をしてもらうことは、助かる部分もありますが、精神的な負担を伴う人もいるのです。

話を重ねていくうちにわかってきたこととして、Rさんは気を遣う人なので、自宅が散らかっているのを見られるのも嫌だと感じるタイプの人で、台所に立たれてあれこれ触られるのも見られるのも、自分の生活のすべてを見られるようで、気が進まないということがわかりました。そしてどんな人が来るのかも心配で、その人に自分が合わせることができるかも、不安でしかたがないとのことでした。

Rさんの「一人暮らしを続けたい。でも一人でできないことが増えてきた。この先不安がいっぱいでこれからどうなるのかわからない。しかしヘルパーに来てもらうのは、どんな人が来るのかも不安なので今はいらない」というのは相反するニーズなのですが、相反する気持ちがあって当然だとも感じました。

ですから、私はRさんと気持ちの整理がつく時期が来るのを待つことにしました。初めの半年は障害福祉サービスの支援区分調査を受けていただくだけで、何もサービスは利用せず、時折訪問して話を伺うことだけをしていました。その頃はRさんの友人に買い物などを助けてもらうことができるようになっていました。

半年が経過し、「友達に買い物を頼みづらくなってきた」と相談があり、それからホームヘルプサービスを利用して、買い物を依頼することにしました。ヘルパー事業所にはRさんのヘルパーサービスを利用することの不安材料をすべて伝えていました。二つ返事でその不安を受け入れ、買い物代行の支援を受け入れてくれた事業所に依頼しました。

そしてヘルパーさんと関係ができてきたところで、食の細いRさんに寄り添うように食事づくりや掃除をヘルパー支援で取り組んでいきました。するとRさんの表情が日増しに明るくなり始めました。これからの暮らしを考えるエネルギーがRさんに戻ってきたのです。「こんないい人が来てくれるのなら、もっと早くサービスを利用していればよかった」ととても喜んでくれました。

そして、Rさんから「細々とした暮らしでも、今の家で一人暮らしを続けたいです」とはっきりと伝えてくれる日が来たのです。その表情は明るく輝いていました。

まさしく、ホームヘルプサービスが自立のための支援であるといえる素晴らしい支援を、事業所は実践してくれたと思います。

一人暮らしを続けたい

将来の不安が薄れてきた数か月後に、訪問したヘルパーがRさんと連絡がとれない事態が訪れました。自宅で意識を失くし、倒れていたのです。その時は幸いベランダのカギが開いており、ベランダから部屋に入り、救急車を呼ぶことができました。それからヘルパー事業所とRさんと私で話し合い、次にこのようなことが起こった時のために、カギは秘密の隠し場所を共有することにしました。それから一年間で、四回そのような事態が起こってしまいました。毎回、カギを開ける時は二人体制で自宅に入り、救急車を要請するという手順で対応しましたが、Rさんについてのタイムリーな医療情報がすぐに揃わないこともあり、手間取ることがありました。Rさんの病状は徐々に悪化し、退院して一か月しないうちに、意識を失くし倒れることが続いたのです。

命の責任が重く支援者にのしかかる支援となりました。支援者の中から「在宅はこれ以上無理ではないか」という声も聞こえてきました。

これではいけないと、入院中のRさんを訪問し、主治医と本人も入ってカンファレンスを行いました。体調管理を行い、早期に体調異変を察知するために訪問看護が入ることとなりました。その席でRさんは「迷惑をかけているのはわかっているが、自分もがんばるので、一人暮らしを続けたいです」と話したのです。

生きていく希望を失いかけていたRさんが、自宅で暮らし続けたいと切に願うことを、継続可能な支援体制で見守っていくことが必要でした。単身障害者の見守り体制が制度的にまだ整っていない中、単身障害者が暮らし続けるうえでの必要な支援は、福祉制度上のサービスだけではできません。

近隣住民にも、夜間遅くまで電気がついていたらノックをしてもらい、返答がなければ近くの交番所に連絡すれば交番所から駆けつけてくれることとなりました。民生委員やお弁当業者、在宅就労支援事業所などにも支援ネットワークに入ってもらい、見守りの手を増やし、訪問看護は主治医との連携をしていくことになりました。しかし、一人で倒れていることを発見できても、医療情報を救急隊員がすぐに把握できる体制をどのように作るかが課題でした。

福祉サービスだけではヘルパー事業所に大きく負担がかかる支援となってしまうことで、Rさんの希望を諦めなければいけなくなるのは違うのではないかと考えていましたが、手立てがなければ継続可能な支援にはなりません。だからこそ、新しい社会資源を考えるのです。貪欲に諦めずに模索することが、私に相談してくれている人に対して自分の責任を果たすことであると考えています。

新たな課題が社会資源へとつながる

ここまでは「Rさんの障害受容に寄り添い、ニーズを見極め、必要な福祉サービスと繋ぐ」というRさんのケースワークであると言えます。そして新たな課題に直面し、その課題はRさんだけのものではないことに気づき、自立支援協議会での課題となっていきます。

ちょうどその頃、重度心身障害がある息子と二人暮らしをしている母親から「私が夜間に高熱が出て動けなくなった。救急車を呼ぼうかと迷ったが、私が運ばれたら、この子はどうなるのかと思うと救急車を呼べなかった」と聞いたのです。単身者だけではなく、障害者と二人で暮らす家族にとっても、同じ思いがあると知らされたのです。障害がある子どもだけが自宅に取り残されないように、救急隊員に緊急の連絡先などをどのように知らせることができるか、そのことも併せ、自立支援協議会に課題として挙げることにしました。

自立支援協議会では、単身者の見守り体制や緊急時の連絡体制が課題として他からも挙がっており、「緊急時支援プロジェクト」を立ち上げ、安心して暮らせる手立てがないか、仕組みはどうあるべきか話し合われました。その中で、地域の社会資源で活用できるものがないか、消防や警察にも課題について話をもちかけることとなりました。

すると、消防には「安心カード」というものがあることがわかりました。これに、医療情報や緊急連絡先などを書いてわかりやすい場所に貼っておくのです。そして玄関に「安心シール」を貼り付け、そのシールに「安心カード」のある場所を書いておきます。

Rさんの支援体制での課題や、重度心身障害者と母親の二人暮らしの生活から見えてきた「課題」が「安心カード」という社会資源とつながり、地域で安心して暮らすツールが地域社会に広がり活かされていくのです。

障害者独居や高齢の親と重度の障害者の二人暮らしの家庭に訪問するたびに、「安心カード」の説明をしています。

Rさんは医師に安心カードの記入をしてもらい、救急時の対応がスムーズに運ぶようになりました。また、訪問看護が導入され、急変時の対応に医療スタッフがかかわることで、福祉サービス事業所の負担も軽減されたのです。

Rさんは病と障害をかかえ、仕事から離れ、社会の中で孤立していました。病院から障害者福祉制度につながり、そしてヘルパーとつながり、地域とつながる。そのつながりの中から見えてきた課題を解決する手段が、新たな人の暮らしにも「安心カード」というツールを通してつながったのです。Rさんの「一人暮らしを続けたい」という願いを大切にし、その支援体制を考えるうえで見えてくる課題は、Rさんの思いが生み出した「地域課題の種」なのです。その「種」を大切に育ててつなげていくことで、Rさん以外の人にも役立つ「社会資源の花」となり、実を結ぶのです。

そのように一人の願いをつなげていくことが、私たちソーシャルワーカーが果たす役割であると思っています。

3 支援者の願いともう一つの大切な視点

この人の人生はこうあってほしいという視点

これまで、相談支援に携わる者に必要な視点について述べてきました。それは、相談者がどのように暮らしたいかを知り、寄り添うことでした。

今までお話ししてきたように、すべての相談者が的確に自分の暮らしについて「今困っていること」を言葉で伝えてくれるわけではありません。話を聴いて、時間を重ねて信頼関係を築いて初めて見えてくるものがあります。そして、情報を集めていく過程で支援者も、また相談者本人も気づく「本人が望む暮らし」が見えてくることもあります。「本人の望む暮らし」を知るには、その人の今までの歴史を知り、今どんな人とかかわり、どんな生活環境で暮らしているのか、そして何を諦めてきたのかを知ることが必要です。こうしたことは、一回や二回の面談でわかるはずがないのです。援助技術を駆使し、相談を重ねて時間をかける必要があります。

そしてもう一つの視点として、「この人のこれからの人生がこうあってほしい」と願う支援者の気持ちも大切であると思います。そればかりが先行してしまってはいけませんし、支援者の価値観を押し付けてもいけません。もちろん一人の支援者の独りよがりな考えでもいけません。支援者間で検討され、共有されることが大切です。そうやって「本人の望む暮らし」と「支援方針」がリンクして具体的な支援が実を結んでいくのだと思うのです。

そのことに気づかせてくれた事例を次に紹介します。

支援の方向を見失う

Sさんは母がアルコール性障害、父が軽度の知的障害、兄弟姉妹も精神保健福祉手帳か知的障害者の手帳を所持している五人家族でした。両親の介護をしながら、シングルマザーとして自分の子育てもするSさんは疲れ果てていました。そして、Sさんにも軽度の知的障害があり、娘も発達の遅れが指摘されていました。

Sさんは「望む暮らし」など考える余裕もなく、いつも疲れていました。そして一度自殺未遂を図りました。病院から退院する時に、私はSさんと出会いました。Sさんには精神科にも定期的な受診が必要でした。何から手をつけたらいいのかわからない状態でしたが、いわゆる「多問題家族」であったため、家族のキーパーソンであるSさんの支援を考えなくてはなりませんでした。

金銭的にも余裕がなく、生活保護を申請するにも、大きな土地と農地を保有していたこともあって申請できない状況にありました。両親は自宅にヘルパーが入ることを拒否し、Sさんの介護負担も生計を担う負担も解消されませんでした。Sさんは「父は自分に命令ばかりするから大嫌いだ」と言いました。しかし、実家を出ることはどうしてもできないとも言いました。それは「自分が出ていったら、他の兄弟は誰も何もしない。両親を見捨てられない」からでした。

そんなSさんですが、父に厳しいことを言われるたびに、いろいろな支援者に自分の感情を一方的にぶつけてしまいます。また、両親の病院関係者や介護保険関係者、自分の主治医や訪問看護、職場の同僚や上司とのトラブルも絶えず、転々と職場を変わります。その都度支援者は疲弊してしまいました。

支援者が疲弊してしまうと、支援がばらばらになりやすくなります。なぜなら、支援者は常に「これが正解」という答えがあるわけではなく、またゴールが手にとるようにわかるわけでもないからです。こうした観点からすると、支援者もまた支援を求める人でもあるのです。だから疲弊して正解やゴールが見えなくなると、支援者間で責任の押し付け合いになったり、相談者の態度に不満を感じたりして、支援の方向性が支援者間でそろわなくなります。この時の私は、まさにこうした状態に陥っていたのです。

事例検討と個別支援会議

そんな時に、私が勝手に「師匠」と呼ばせてもらっている先生との勉強会がありました。そこで、Sさんのことを話してみました。すると先生からこう言われました。

「あなたはこの人にどうなってもらいたいの?」と。

私はSさんを取り巻く環境にばかり目が行き、Sさんが望む暮らしも聞き取れないままでした。その間に次々と問題が起こり、支援者から「どうしたらいい?」と聞かれるたびに、「私はいったいどうしたらいいの」と自問するばかりでした。それは、まさに出口があるのかどうかもわからない迷路に入り込んだかのようでした。

「Sさんにどうなってもらいたいのか」と問われた私は、「Sさんに自殺をくりかえさないでほしい。Sさんが家族のことを好きになってもらいたい」と答えていました。すると先生はやさしく笑ってこう答えてくれました。

「だったら簡単でしょ。そのために何をすべきか考えなさい」と。

この一言で目の前が晴れた気分になりました。些細なことのようですが、課題の渦中に入り込んでしまうと、見失うことが多くなります。だからこそ、事例検討や個別支援会議が必要となるのです。

この事例検討をきっかけに、私一人の力ではSさんがもつ課題は解決できないと考えるようになりました。そこで、精神保健福祉士で、長年精神科相談員をしてこられた先生にも、個別支援会議にスーパーバイザーとして参加していただきました。そして、支援者が抱える課題と、気づいている点を並べて、先生にまとめていただきました。先生には事前に事例を詳しく説明し、今の支援者間の足並みがそろわないことや、私のSさんに対する想いを伝えていました。

その会議では、次のことが話し合われました。

・Sさんが望んでいる暮らしは、両親との穏やかな暮らしなのではないか。
・子育てにも自信がなく、そこにも支援が必要ではないか。
・本当は父に認めてもらいたいのではないか。

このように、Sさんの隠れた姿に焦点をあてた話し合いがなされました。こうしてSさんに対する支援者間の支援方針が固まったのです。

その後は支援者間で共有した支援方針がぶれることなく、七年の歳月が経過しました。そして、Sさんの就職先にも就労支援が入り、子育てにも支援者が入りました。両親は介護保険を利用し施設に入所していますが、仕事が休みの日にはSさんは両親の施設に通っています。そのきっかけは、父に「ありがとう」と言われたことだったといいます。それを聞き、支援者間の支援方針の一致が実を結んだ、と思いました。Sさんがいたから支援者のネットワークが生まれ、そのネットワークもまた地域の社会資源となったのです。

最後に私の同志が話してくれた言葉を紹介します。

自分が若かった時に「こうあるべきだ」とやってきた支援を思い返すと、顔から火が出るくらい恥ずかしいと思う時がある。自分が入所施設を辞める時、自分は辞めることができるけど、入所している人は一生ここを辞めることはないのかと後ろ髪を引かれて門を後にした時の気持ちは忘れないと。

だから、今、相談支援という仕事をして出会う人みんなに思うことがある。

「人生、なんぼわろたかやろ」（関西弁で「人生、どれだけ笑ったか」という意味）

出会う人の人生が少しでも笑顔になれるよう相談支援の仕事をしていると。

私はこの話を聴いて、相談支援者として、筋の通った「芯」を感じました。

相談支援の現場では出会う人は様々ですが、相談支援者にとって、「揺るがないものがある」ということは「強味」です。それもすべて今まで出会ってきた障害のある方やその家族、関係機関から教えられたのだと気づかされました。

4 私のソーシャルワークマインド

「あなたのせいではない」と伝えるために

諦めていた夢を実現できることは、誰にとっても嬉しいことです。夢を見て努力したけど叶わないこともあるでしょう。

しかし、その諦め、忘れ去っていた理由が、チャレンジしたけれど自分で限界を感じて諦めたのではなく、「障害」が理由であったり、貧困であったりすることは、個人の問題だけではなく、その社会にも問題があると思います。

身体に悪いとわかっていてもやめられないこともあるでしょう。しかし病気になりたくてなる人はいないと思うのです。

わが子が生まれる時に障害があることを望む親もいないでしょう。事故に遭いたくて遭う人もまた同じくいないでしょう。

災害が日本中で起こり、世界規模で異常気象が起こる今の時代、いつ、誰がどのような「障害」をもつかもしれません。

けれど、障害をもって生まれたことや、病気や事故で社会生活上様々な支障が出てきてしまったら、自己責任、家族責任という考え方がまだまだ日本には漂っており、その考え方に当事者や家族は苦しめられることとなるのです。

ですから、私が障害のある方々の中で、障害があることで自分を責めたり、夢を諦めている人に伝えたいことは「あなたのせいではない」「あなたらしく生きていきましょう」「今のあなたをどうかあなた自身が愛してください」というメッセージです。

そのメッセージを届けるためには、その人のことを良く知ることが必要です。知るためには、その人の生きてきた人生の歩みを知る必要があります。それを聴かせてもらえる関係を構築する必要があります。また、起因している障害が何であるのか、その障害特性はどのようなものがあるのかを学ばなければいけないとも思っています。

例えば、精神障害と一言でいっても、統合失調症の人とうつの人では生きづらさのポイントが違ってきますし、統合失調症といっても、初期なのか安定期なのか、陰性症状が強いのか陽性症状が強いのかによって生きづらさや支援の手立ては変わってくるのです。中には統合失調症以前に、知的障害や発達障害が隠れていることがあります。幼少期に知的障害や発達障害に気づくことなく育ち、二次障害として統合失調症などの精神症状を発症している人がいます。その人のもっている手帳や病名で支援を組み立てるのではなく、生活支援をしていく中で見えてくる生きづらさから支援を組み立てていかなければなりません。そのためにも障害の特性は理解しておく必要があるのです。

自己実現に至るには

アメリカの心理学者であるマズローは、人間の欲求五段階説という考え方を主張しています。それは、人間の欲求はピラミッドのように構成されていて、低階層の欲求が満たされると、より高次の欲求が求められるという考え方です。

一番低階層には、「生理的欲求（基本的・本能的欲求）」があり、次に「安全欲求（危機回避）」そして次に「社会的欲求（帰属欲求、所属したい欲求）」が、外的に満たされたいという低次の欲求とされています。

それが満たされると、内的に満たされたいという高次の欲求として「尊厳欲求（他者から認められたい欲求）」があり、次に「自己実現欲求（自分らしく生きたい欲求）」と段階があり、段階的に欲求が満たされて自己実現に至るのだという考え方です。

この考え方を障害者支援の場面に当てはめてみると、障害者相談支援という仕事をしていて出会う人の中には、この段階のどこかで満たされず、自己実現に至っていないのではないかと感じることがあります。どこで満たされていないのか、それはなぜなのかを知り、どんなフォローがあれば満たされる環境になるのかを福祉の視点で考え、相談者とともに次の段階を目指していく支援をすることが、ケースワークに必要であると考えています。

そして、自己実現の欲求に至っては、障害福祉施策だけではなく、ソーシャルワークやソーシャルアクションが必要になってくるのです。

誰しも一度きりの人生です。その人生、「自分らしく生きる」ために福祉のプロとして何ができるか。親が子を看取ることを願うようなことがない社会であってほしい。これが私の基本の願いであり、その実現のために今の仕事をしています。

ソーシャルワークマインドをもつ

私が就職した頃は、福祉職の資格はほぼありませんでした。専門性もなく、いろいろな学部を卒業した経歴の職員集団でしたが、そこには「熱い思い」がある支援が展開されていました。その後「超少子高齢化時代」を視野に入れ、福祉職の国家資格が増えていきました。専門的な援助技術や法的根拠は知っておく必要はあると思います。しかし、それ以上に必要なのは「何のために福祉職をしているのか」という自問自答であると思います。自分が何のために、何を目的にこの仕事に就いているのかを問い直し、直面する課題のたびに、どのような姿勢で取り組むのかが大切であると思います。それが「マインド」や「理念」と言われるものであると思います。

最近の福祉業界は「人手不足」の問題が深刻な状況にあります。その影響で、福祉現場には過酷な労働状況に置かれている人もいることでしょう。毎日業務に追われ、疲れて、何のために福祉職に就いたのかも思い返すことなく、ただ上司から言われていることだけをルーティンワークのようにこなすだけに陥ってしまうこともあるでしょう。計画相談でも期日に追われ、「本人中心」と頭では理解していても、事業所の運営上、一定数の件数の書類を仕上げないと事業運営がおぼつかなくなるという危うさから、本人の願いが抜け落ちた計画が出来上がっていることもあるでしょう。

そんな時、自分自身に核となる「マインド」がまだみつかっていなければ、属している法人やＮＰＯなどの「理念」を振り返ってください。それは日々の業務の「柱」であるはずです。その柱から「ずれた」支援の日々になっていないか、その「ずれ」に気づけないと、支援者もその支援者に支援される側も不幸なスパイラルに陥ってしまいます。

私は、仕事上出会う人一人ひとりに真摯に専門性をもってかかわる姿勢が大切であり、また自分を高め、学び、よりよい支援が実践できるよう努め、一人ひとりの人生を通して教えてくれている地域課題を社会資源へと結びつけていくことが、私たちソーシャルワーカーとしての役割であると思います。厳しいようですが「仕事」としている限り「プロ」でなくてはならないのです。「プロ」という意味には職業上の意味では「その分野で生計を立てていること」であり、日本語では「専門家」という意味に置き換えられると思います。私たちは「福祉のプロ」でなくてはならないのです。

高い「マインド」がなければ「福祉職に就くな」といっているのではありません。そういう私も、就職した時から「マインド」をもっていたわけではありません。

私の恩師がある講演会で話していたことですが、「『社会福祉士』や『精神保健福祉士』は運転免許証と同じ。運転技術は免許証をとって実際に道路で運転することで向上する。私たち社会福祉士も精神保健福祉士もケアマネジャーも、相談を受けて課題にぶち当たり、それを解決していく中で育っていく。私たちを育ててくれているのは相談者であることを忘れてはいけない」と。

私も結婚までの腰掛程度に考えていた仕事でしたが、多くの人との出会いの中で、自分の生涯をかけての仕事と思えるようになったのです。

これから福祉職に就こうと考えている人も、現在就いている人も、目の前の相談者に真摯に向き合い、その人の真のニーズを聴くことで、自分自身の「マインド」がみつかることを願っています。

仲間とつながりながら

そして、4章でも述べましたが、その「マインド」を見つけること、見つかった「マインド」

を失わないためにも「仲間」の存在が大きな意味をもちます。

私は同じ職場に共感できる「仲間」がいることはとても恵まれた環境であると、長年仕事をしてきて実感しています。

近年、福祉業界では「ピアカウンセリング」「ピアサポーター」という言葉が聞かれるようになりました。「ピア」は同じ立場であることを意味します。同じ障害をもっている、障害の子を育てている親であるなど、同じ立場の人だからこそ理解し合えることがあるという考え方です。私の職場でも「ピア」の活動はとても重要な役割であると認識しています。私たち福祉の仕事をしている者にも同じことが言えると思います。

共感できる「仲間」がいることの効果を考えてみました。

・同じ思いを共有できる人がいることで、心の重荷が軽くなること。
・迷った時に自分とは違う視点で助言してくれる人がいることで、新たな展開が見えてくること。
・相談者の人権を脅かされるような場面に遭遇した時、共に怒り悲しむことができること。
・自分自身の「マインド」を見失いかけた時にそっと教えてくれること。
・新しい情報を共有し、ともに学び合えること。

同じ職場以外にも以前の同僚や、研修や仕事を通じて知り合った関係機関にも「仲間」は見つかりつながれます。一人ではできない仕事ですから、私自身も人とつながり、支えられて今の自分があるのです。

「マインド」とそれを支える「仲間」がいること、それが私たち福祉職に就く者には必要だと考えています。それらは、真摯に「福祉という仕事」に取り組んだ人に与えられる、相談者からの贈り物であると思っています。

そして、その「ソーシャルワークマインド」が、「仲間」という横のつながりだけではなく、「世代」という縦のつながりをもち続けていくことが「地域共生社会」の実現に必要なことだと思っています。

おわりに

一〇〇年後の日本はどんな国になっているでしょうか？

一〇〇年前の日本人が今の暮らしを想像できたでしょうか？

日本の福祉も三〇年前とは大きく変化しています。これからもどんどん変化していくことでしょう。

私は、一〇〇年後の日本が言われなき差別や偏見がない国であってほしいと思います。

そのために、今を生きる私たちは何ができるのでしょうか？


二〇一六年、相模原市で障害者施設殺傷事件が起こりました。この事件が社会に提起している問題は多々ありますが、私は犯人が障害者入所施設職員であったことに大きな衝撃を受けました。犯した犯罪は罰せられるべきで、個人の尊厳を著しく冒瀆した考えであるのは間違いありません。しかし、犯人は衆議院議長に宛てた手紙に「障害者は人間ではなく動物として過ごしている」「保護者の疲れ切った表情、施設で働いている職員の生気の欠けた瞳」「だから安楽死させよ」となぜ言ったのか。施設の中でどんな風景を見たのか。その点において大きくマスコミでは取り挙げられていないように思います。それは、事件のあった施設だけの問題ではないと思います。

なぜ高齢者や障害者の入所施設で職員による虐待がなくならないのか。

また、二〇一八年一月に三田市で二〇年以上座敷牢に息子を監禁していたことも発覚しました。監禁罪で父親は「他の家族を守るためには閉じ込めることしかできなかった」と言っています。障害がある子を親が殺すと父親が逮捕されたことを受けて、父親を擁護する声が挙がりました。障害がある子を親が殺すと罪を軽減する嘆願書が作られました。

日本の歴史の中で「優性保護思想」があり、現在も「障害者」というだけで個人の尊厳が軽視されることが問題の本質にあるように思います。そして、まだまだ「福祉」が届かず孤立している人達がいるのだと思い知らされるのです。

ソーシャルワークは一人ではできません。

だから、人とつながっていくことが必要です。

そのつながりは、同じ福祉業界だけではなく、その地域で暮らす人や制度の壁を越えたつながりが必要です。これからは縦のつながりだけではなく、横のつながりもさらに広げていく必要があります。

社会の在り方や、長い年月をかけて積み重ねてきた価値観は、一夜にして変わるものではありません。だからこそ、一人ひとりの尊厳が守られる社会へと次の世代へつないでいくことが必要です。

日本には五〇年前に素敵な詩がありました。

金子みすずさんの「私と小鳥と鈴と」はそれぞれの違いを認め合い、互いを尊重している素敵な歌だと思います。

おわりにこの詩を添えたいと思います。

私が両手を広げても
お空はちっとも飛べないが
飛べる小鳥は私のように
地べたをはやくは走れない
私が体をゆすっても
きれいな音はでないけど
あの鳴る鈴は私のように
たくさんなうたは知らないよ
鈴と小鳥と　それから私
みんな違って　みんないい

◆著者略歴
山下　香（やました・かおり）

1989年武庫川女子大学文学部教育学科初等教育専攻卒業。

知的障害者通所施設、精神障害者通所施設を経て相談支援事業所に勤務し、現在障害者相談支援専門員。2018年より神戸学院大学総合リハビリテーション学部非常勤講師。

介護支援専門員、社会福祉士、精神保健福祉士、障害者相談支援専門員。

ソーシャルワークマインド
――障害者相談支援の現場から

2018年12月13日　初版第1刷発行

著　者　山下　香
装　丁　宮坂佳枝
装　画　ひらいみも
発行者　瀬谷直子
発行所　瀬谷出版株式会社
〒102-0083
東京都千代田区麹町5－4
電話 03-5211-5775　FAX 03-5211-5322
印刷所　倉敷印刷株式会社